Alfred Fuchs

Therapie der anomalen Vita-sexualis bei Männern

mit spezieller Berücksichtigung der Suggestivbehandlung

Alfred Fuchs

Therapie der anomalen Vita-sexualis bei Männern
mit spezieller Berücksichtigung der Suggestivbehandlung

ISBN/EAN: 9783743455955

Hergestellt in Europa, USA, Kanada, Australien, Japan

Cover: Foto ©berggeist007 / pixelio.de

Alfred Fuchs

Therapie der anomalen Vita-sexualis bei Männern

THERAPIE

DER

ANOMALEN VITA SEXUALIS

BEI MÄNNERN

MIT SPECIELLER BERÜCKSICHTIGUNG DER SUGGESTIVBEHANDLUNG.

VON

DR. ALFRED FUCHS,

ARZT AM SANATORIUM PURKERSDORF (WIEN).

MIT EINEM VORWORT VON PROF. v. KRAFFT-EBING.

———— ◄•●•► ————

STUTTGART.
VERLAG VON FERDINAND ENKE.
1899.

Vorwort.

Der Verfasser dieses Buches hat mich um eine Durchsicht gebeten, und um ein eventuelles Begleitwort seiner ersten grösseren Arbeit auf ihrem Wege in die ärztliche Welt ersucht.

Ich komme dieser Bitte um so lieber nach, als mich die Durchsicht seines Werkes davon überzeugte, dass es eine ernste, fleissige Arbeit ist, der überdies ein actuelles Interesse zukommt.

Handelt es sich doch um ein psycho- und neuropathologisches Wissensgebiet, das kaum erschlossen ist, und der klinischen und speciell therapeutischen Fragen gar viele enthält.

Der Schwerpunkt der nachfolgenden Arbeit liegt in therapeutischen Erfolgen, die ich als Consiliararzt grösstentheils selbst zu controliren und zu verificiren in der Lage war. Diese Erfolge waren auch für mich vielfach geradezu überraschende, indem sie meine, bei flüchtiger initialer consultativer Begegnung und Einflussnahme gewonnenen Erwartungen weitaus übertrafen, und so recht zeigten, was eine zielvolle unermüdliche und sachkundige Behandlung selbst recht schweren Fällen von Neuropathie und Perversio sexualis gegenüber leisten kann. Das Schwergewicht für die Beurtheilung solcher therapeutischer Erfolge muss auf die Behandlung in einem Sanatorium gelegt werden, wo alle Hilfsmittel für die Behandlung so schwerer Fälle vereinigt sind und die Persönlichkeit des Arztes in beständiger Fühlung mit dem Patienten steht, sein ganzes Thun und Lassen überwacht.

Man kann die Frage aufwerfen, ob es opportun sei, degenerativen Mitgliedern der Gesellschaft in Gestalt von Geschlechtsinvaliden und von sexual Perversen zur Herstellung oder Sanirung ihrer Potenz zu verhelfen. Wer so fragt, vergisst, dass es sich hier um das Verhältniss eines Hilfesuchenden zum Arzte handelt, und dass es eine berufliche und ethische Pflicht des Arztes ist, wo immer er kann, Hilfe zu bringen. Der Sociologe und Anthropologe mag freilich anderer Meinung sein. Soweit meine bisherige Erfahrung reicht, sind übrigens die Descendenten einer solchen Clientel nicht mehr von Minderwerthigkeit und Siechthum bedroht, als diejenigen, deren Erzeuger mit anderweitigen Signa degenerationis behaftet sind.

Der Verfasser hat, in vielfacher Uebereinstimmung mit Schrenck-Notzing, jedenfalls den Beweis neuerlich geliefert, dass man das Lebensschicksal vieler Unglücklicher durch ärztliche Kunst günstig zu gestalten vermag. Dafür werden ihm nicht nur solche, sondern auch die Aerzte Dank wissen.

Bei angeborener Anomalie möchte ich gleichwohl daran zweifeln, dass es sich um Heilung im wahren Sinne des Wortes handelte. Ich glaube an die Macht suggestiver Gewöhnung, nicht aber an die Heilbarkeit bei angeborenen Perversionen der Vita sexualis.

Wien, den 3. Januar 1899.

R. v. Krafft-Ebing.

Inhalt.

Einleitung.

Die Localisation des Geschlechtstriebes überschreitet heute noch das Wissen und Können der Naturwissenschaften. Wir haben keine Kenntniss davon, wo sich im Centralorgane der Sitz dieses elementaren Triebes befindet. Wir können nur aus Analogieen schliessen, dass ein solcher vorhanden sein müsse. Für die Berechtigung, dieses Centrum an diese oder jene Stelle des Gehirnes zu verlegen, sprechen zwar verschiedene Momente, zu einem positiven Ergebnisse haben aber die Untersuchungen bisher nicht geführt. Auch können wir nicht sagen, ob es jemals gelingen wird, anatomische Substrate für die sexuelle Sphäre zu entdecken, und festzustellen, ob Anomalieen der Geschlechtsempfindung eine pathologische Veränderung des Centralorganes oder der Leitungsbahnen voraussetzen. Vieles spricht dafür, dass es sich bei einem Theile dieser Fragen bloss um psychologische, beziehungsweise psychopathische Probleme handelt. Somit können therapeutische Bestrebungen nach dem heutigen Stande der Wissenschaft auf diesem Gebiete weder den Anspruch auf unfehlbar sichere Heilmethoden erheben, noch ein bestimmtes, specifisches Heilverfahren aufweisen.

Wie auf allen Gebieten der Pathologie, wäre es rationell, die Erörterung der Therapie eines so dunkeln Gebietes mit der Auseinandersetzung der Vorbeugungsmassregeln, also mit der Prophylaxe zu beginnen. Allein es liegt in der Natur der Sache, dass sich die prophylaktischen Massregeln dieses

Gebietes zum grossen Theile dem Rahmen des ärztlichen Wirkungskreises entziehen. Nur in zwei Momenten kann auch prophylaktisch der in die Mysterien dieses traurigen Abschnittes der Medicin eingeweihte Arzt Erspriessliches leisten. Das ist vor allem dort, wo ihm auf dem Gebiete der Kindererziehung, in der Schule sowohl als in der Familie, eine berathende Stimme eingeräumt wird. Dann aber, wenn es ihm gestattet wird, Bedenken ärztlicher Natur über die Beschaffenheit allfälliger Nachkommenschaft zu äussern, also bei der Frage der Eheschliessung. Was hier Vorbeugungsmassregeln leisten können, soll an anderem Orte besprochen werden. Wenn schon aus keinem anderen Grunde, so wäre es um dieser zwei Punkte allein wünschenswerth, dass sich jeder Arzt so weit in dieses Gebiet vertiefe, um Unglücksfälle in dieser Beziehung verhüten zu können.

Obwohl Perversionen und Abnormitäten der Vita sexualis von Alters her bekannt sind, gehört ihre Behandlung doch nur der neueren Zeit an. Beim näheren Eingehen auf die Sache sieht man, dass hier noch ein Früchte versprechendes Feld für therapeutische Bestrebungen so ziemlich brach liegt. Im Gesammtgebiete der Neuropathologie hat unsere Therapie im allgemeinen keine grossen Triumphe aufzuweisen. Um so dankenswerther erscheint es, bei einem so weit verbreiteten Zustande neue Bahnen und neue Wege für die Therapie zu suchen, welche hinter der Pathologie und Systematik in dem vorliegenden Falle weit zurückgeblieben ist.

Die Perverssexualen verdienen ein lebhaftes Mitgefühl. Sie gehören meist zu den Unglücklichen, die von der Natur stiefmütterlich bedacht wurden, und ist ihre Anzahl wahrlich keine kleine. Bei dem eingehenden Studium dieser Fragen kann man sich nicht genug darüber wundern, wie verbreitet schwerwiegende Anomalieen des Geschlechtslebens sind, und welch grosses Gebiet sich hier den hilfsbereiten Bemühungen der Psychiater und Neuropathologen eröffnet. Diejenigen, welche das Unglück haben an Perversionen der Vita sexualis zu leiden, gehören in der That zu den Enterbten des Glückes, vielmehr zu jenen, welche ein Unglückserbe mit auf die Welt gebracht haben. Wir können es nicht selten sehen, dass bis zu jener Stunde, in der sich ein armer Conträrer dem ihn verstehenden Arzte anvertraut, er das Leben eines Märtyrers hinter sich hat, und es ist zuweilen grauenhaft zu hören, was diese armen Menschen bis dahin durchgemacht haben. Der einzige Trost unglücklicher Kranker ist die schonende Rücksicht und das liebevolle Mitleid, auf welche sie von Seiten ihrer Umgebung und von allen ihren Mitmenschen zählen können. Den Kranken dieser Art bleibt jedoch meistens auch diese Linderung ihrer Leiden versagt. Von Kindheit an trägt der in dieser Richtung krankhaft Veranlagte ein trauriges Geheimniss mit sich herum. Wozu es ihn mit unwiderstehlicher Macht treibt, das sieht er schon als Kind ein, ist etwas, wofür die anderen Menschen kein Verständniss haben; er ist, oft mit den besten Anlagen des Charakters und des Gemüthes versehen, von den ersten Jugendjahren an ein Heuchler wider Willen; er muss sich das kostbare Gut unbefangener Kinderjahre, das liebevolle, wechselseitige Vertrauen zu seinen Eltern, Geschwistern, Freunden mit einer Lüge erkaufen. Aus der Schulzeit nimmt er sein Stigma mit ins Leben. Auf Schritt und Tritt wird es ihm zu einem Hinderniss. Er trägt ein Geheimniss mit sich, von welchem er weiss, dass dessen Verrath ihn social unmöglich machen müsste, er weiss, dass wenn ihn der Dämon übermannen würde, das Glück seines Lebens für immer verscherzt wäre. Ja, er muss zusehen, wie vielleicht stolze Hoffnungen in ihn, als den Stammhalter des Geschlechtes, gesetzt werden, und muss das Bewusstsein mit sich herumschleppen, diesen Hoffnungen niemals gerecht werden zu können!

Das traurige Bewusstsein seiner abnormen Veranlagung und die daraus abgeleiteten Empfindungen von Unglück sind jedoch nicht die einzigen Nachtheile, welche der Gesundheit dieser Art Kranker drohen. Anomalieen des Geschlechtslebens sind nur allzuhäufig mit jener Summe pathologischer Beschwerden verknüpft, welche man mit dem Namen der

Neurasthenie und Hystero-neurasthenie umgreift. Beide Abnormitäten sind meist in reger Wechselwirkung mit einander verquickt. Die perversen Triebe geben der Neurasthenie immer wieder neue Nahrung, und diese wiederum übt ihren nachtheiligen Einfluss vornehmlich dem Willen und den Bestrebungen des Patienten gegenüber aus, auf den geraden Weg zurückzugelangen; sie steht aber auch oft genug, wie wir im Verlaufe dieser Auseinandersetzungen sehen werden, den therapeutischen Bestrebungen des Arztes als hauptsächliches Hinderniss entgegen.

Die bedauernswerthen Kranken, die an Perversionen des Geschlechtstriebes leiden, fanden bis in die jüngste Zeit keine verständnisvollen Helfer. Auch heute noch sind Aerzte, welche sie vollständig begreifen, verhältnissmässig selten. Wer von den Patienten dieser Art nicht bemittelt ist, findet, wie die Dinge liegen, heute schwer eine Hilfe. Die gegenwärtigen öffentlichen Krankenanstalten bringen diesem Gebiete der Pathologie wenig Interesse entgegen. Die Volksbelehrung ist noch lange nicht so weit vorgeschritten, um der grossen Anzahl derartiger Kranker aus den weniger bemittelten Ständen zum Bewusstsein zu verhelfen, dass sie hilfsbedürftige und anspruchsberechtigte Leidende sind. Zum Ueberflusse bringt es das sociale Gesetz mit sich, dass derartige Kranke das Licht scheuen. Selbst wenn sich ein oder mehrere Wohlthäter fänden, die in einer Volksheilstätte diesen Unglücklichen Zuflucht böten, solche humanitäre Anstalten würden wenig besucht werden; und zwar deshalb, weil die Erkenntniss dieses weit verbreiteten Leidens durch den Bann des Gesetzes niedergehalten wird. Wohl hat der Gesetzgeber unzweifelhaft das Recht, sein Land und seine Leute vor Unzucht zu schützen. Allein die Mittel zur Abwehr sollten andere sein. Der, dessen Triebe, krankhaft veranlagt, zu einem Conflicte mit dem Gesetze geführt haben, gehört nicht in den Kerker, sondern ins Krankenhaus. Man muss nicht unbedingter Anhänger der Ansicht sein, dass jeder Verbrecher krankhaft veranlagt ist, um einzusehen und daran festzuhalten, dass wirkliche perverse sexuelle Triebe ein Leiden sind. Die Bethätigung des krankhaften Triebes muss allerdings verhindert werden; allein das Gefängniss ist nicht das für diesen Zweck geeignete Mittel. Die krankhafte Veranlagung der perversen Sexualempfindung kann mit einer krankhaft gesteigerten Libido sexualis einhergehen, die sich allein und ungezwungen schon aus der relativen Seltenheit einer möglichen Befriedigung ergibt. Unter dem Einflusse eines solchen elementaren Antriebes können Wille sowohl als vernünftige Ueberlegung derart geschwächt werden, dass ein in jeder anderen Beziehung kräftiger, ja vielleicht sogar ethisch hochwerthiger Charakter unterliegt. Wenn Jemand der hungert oder dürstet, in diesem Zustande, um seinen qualvollen körperlichen Empfindungen ein Ziel zu setzen, sich eines Diebstahles schuldig macht oder unter dem Einflusse leidenschaftlicher Erregung eine Uebertretung geltender Gesetze sich zu schulden kommen lässt, dann bleibt bei der forensischen Beurtheilung ein Milderungsumstand zu berücksichtigen. Von einem ähnlichen Gesichtspunkte aus müssen die Perverssexualen beurtheilt werden. Auch sie handeln unter dem Zwange eines sie beherrschenden, Vernunft und Willen lähmenden Triebes. Dabei wollen wir nicht einmal in Betracht ziehen, dass perverssexuale meistens auch degenerative Individuen sind, welche nicht mit dem Masse eines normal veranlagten, daher auch normal fühlenden und handelnden Menschen gemessen werden dürfen, wenn sie dem impulsiven Zwange einer sie beherrschenden Erregung unterliegen. Delinquenten dieser Art müssen allerdings aus ethischen und socialen Rücksichten gestraft werden, allein die einzig richtige, humaner und wissenschaftlicher Auffassung entsprechende Strafe wäre die zwangsweise Internirung in entsprechenden, ärztlicher Fürsorge unterstehenden Heilanstalten. In ihrer Härte ist eine solche Behandlung als Strafe nicht zu unterschätzen und in Berücksichtigung der Persönlichkeit des Uebelthäters gewiss angemessen. Es könnte der Staat mit wohlgeleiteten Anstalten in Verbindung treten und einen solchen Missethäter zum zwangsweisen Aufenthalte und Behandlung dort verurtheilen. Die voraussichtliche Dauer einer solchen Behandlung lässt sich annäherungsweise ermessen, und würde keinesfalls die Dauer der jetzt üblichen Freiheitsstrafen für Gesetzesverletzungen dieser Art übertreffen. Dann wäre ein solches Individuum zu einer der Form nach gewiss humanen Freiheitsstrafe verurtheilt, welche ihm empfindliche, seinen Verhältnissen entsprechende Geldopfer auferlegt, zugleich aber die Möglichkeit bietet, zu genesen. Eine Kerkerhaft wird den conträren oder perversen Trieb nicht besser machen. Für Unbemittelte könnten ohne Kostenaufwand staatliche Irrenanstalten und deren Filialen sehr wohl dem gedachten Zwecke dienen. Namentlich letztere wären dank ihrer günstigen Lage am Lande besonders geeignet. Bemittelte wären, wenn die Staatsbehörde ihre Schuld festgestellt hat, in eine Privatheilanstalt zu weisen. Solcher Anstalten würden sich viele finden, die einerseits das Vertrauen der Behörde geniessen und andererseits sich nach einem gewissen Turnus zur Aufnahme solcher Kranken verpflichten. Es gibt auch billigere und theurere Anstalten. Nach gerichtlichem Ausspruche müssten dem Schuldigen die Kosten eines solchen Aufenthaltes (etwa nach seiner Steuerleistung) dictirt werden. Dem gerichtlichen Functionär stehen erprobte Sachverständige zur Seite, welche gewiss jeden Missbrauch derart humaner Institutionen zu verhindern wüssten. Der Staat würde sich das Recht vindiciren, diesen Kranken die ihnen erwachsenden Kosten als einen Theil ihrer Busse aufzuerlegen und erst die Nichtunterordnung unter diese Massnahmen mit einer Freiheitsstrafe ahnden. Nichtzahlungsfähige würden in gleicher Weise einer staatlichen Anstalt übergeben werden. Die Kosten, die hiedurch dem Staate erwachsen, würden durch den Entfall vermögenderer Häftlinge reichlich compensirt werden. Auf diese Weise würde man der krankhaften Veranlagung der diesfälligen, heute als gewöhnliche Verbrecher behandelten Patienten Rechnung tragen; und so könnte, wenn die Anschauung, dass solche Gesetzesverletzungen krankhaften

Trieben ihren Ursprung verdanken, durchdringen würde, ein Ideal humaner Ahndung mühe- und kostenlos erreicht werden. Dass sexuelle Delicte krankhaften Ursprunges sein können und ferner in einem Zustande geschwächter Willenskraft infolge einer pathologisch gesteigerten Libido sexualis begangen werden können, ist ein Standpunkt, welchen die ersten Forscher auf diesem Gebiete rückhaltlos zugeben werden. Für die humane bezw. vom ärztlichen Standpunkte aus gerechte Behandlung dieser Kranken haben sich schon viele Stimmen erhoben. Leider wird dieses Capitel oft auch unter die Frage subsummirt, ob Verbrecher überhaupt krankhaft veranlagt sind. Das Gebiet der Vergehen gegen die Sittlichkeit infolge conträrer oder perverser Anlage ist aber als Theilfrage aus dieser Gesammtfrage auszuschalten. Ueber das krankhafte Moment dieser Anomalieen können wir Genaues aussagen, wenn auch bezüglich aller anderen Verbrecher Zweifel aufgestellt werden können.

Man kann nicht leugnen, dass sich sexueller Delicte auch solche Individuen schuldig machen können, die nicht von Natur aus zu einer Art der Befriedigung ihres Geschlechtstriebes gezwungen werden, die krankhaft ist. Es kommen gewiss Fälle vor, wo die moralische Depravation des Betreffenden einzig und allein die Schuld an einer solchen widernatürlichen Missethat trägt. v. Krafft-Ebing macht mit tiefstem Einblicke in die feinsten psychologischen Probleme einen principiellen Unterschied zwischen Perversion und Perversität! Dieser Art Fälle jedoch zu Ungunsten der unnatürlich Veranlagten, als einen Beweis gegen dieselben heranzuziehen, wird wohl Niemand versuchen, der mit den Merkmalen dieser Unterscheidung vertraut ist. Wüstlinge, moralisch verkommene Subjecte, welche blos einen neuen, noch nicht durchgekosteten und abgebrauchten Kitzel zur Entfachung ihrer thierischen Triebe suchen, wenn sie die allergröbsten Sittlichkeitsdelicte begehen, sind von der Menschenklasse der Conträr- und Perverssexualen wohl zu trennen. Kein erfahrener Arzt wird jemals beide verwechseln und dem die

Schuld ahndenden Richter wohl immer mit ganz decidirtem
Ausspruche zur Seite stehen können. Wenn wir mit diesem
Seitenblicke den Abgrund menschlicher Verworfenheit streifen,
kehren wir zu jener Frage zurück, die bei der Betonung der
Vorbeugungsmassregeln aufgeworfen wurde. In zwei verschiedenen Fällen kann bei der Erziehung der Kinder der
Rath des Arztes eingeholt und beansprucht werden. Diese
zwei Richtungen deuten ebenfalls die Worte: „Perversion"
und „Perversität" an. Mit ersterer, mit einer Perversion
haben wir es zu thun, wenn unser Rath über verführte Kinder
verlangt wird, und über Unarten — man kann dies wohl so
bezeichnen —, die sie von anderen Kindern gelernt haben
oder auf welche sie durch schlechte Beispiele auch von selbst,
sagen wir instinctiv, verfielen. Das ist jeder vorzeitige, früh-
reife unkeusche Gedanke, in welcher Richtung er immer angeregt worden sein möge, und die Masturbation. In jeder
Familie und in jedem noch so vortrefflichen Institute kann
es vorkommen, dass ein oder das andere Kind, sei es aus
Verderbtheit, sei es aus krankhafter Veranlagung die Schuld
auf sich ladet, einen Altersgenossen in dieser Richtung zu
verführen. Damit ist in der Entwickelung des jugendlichen
Individuums ein gefährlicher Moment eingetreten. Wenn die
Eltern oder Erzieher in diesem Augenblicke eingreifen, einen
Arzt befragen und von diesem richtig geleitet werden, so
kann namenloses Elend verhütet werden. Die verhängniss-
volle Bedeutung der Onanie für die Entwickelung einer Anlage von anomaler Vita sexualis sowohl als für die Gesundheit überhaupt wird an anderer Stelle gewürdigt. Wer Kinder
hat, kann es den Pädagogen nicht genug danken, welche
diese Frage eifrig studiren, und obwohl sie ausserhalb ihres
eigenen Berufes liegt, so weit in dieselbe eingeweiht sind,
dass sie rechtzeitig einschreiten können. Es sind von solchen
Fachmännern Schriften erschienen, welche das volle Verständniss derselben für die Wichtigkeit der Sache bezeugen.
Dass ein Arzt sich über die Tragweite der einschlägigen Erscheinungen sowie über die zu ergreifenden Massnahmen

klar sein müsse, können wir wohl als selbstverständlich annehmen.

Anders und noch bei weitem ernster stehen die Dinge dort, wo das ängstliche Auge einer Mutter oder eines Vaters eine angeborene Anomalie oft mehr instinctiv ahnt als positiv erkennt und mit dieser sie beunruhigenden Mittheilung zum Arzte um Rath kommt. Wir meinen jetzt die conträre Sexualempfindung. Fälle dieser Art sind nicht selten. Man hört die Erzählung von dem Zeitpunkt, wo der erste Verdacht aufdämmerte, natürlich am häufigsten von Eltern, leider in den meisten Fällen zu einer Zeit, wo man mit Entsetzen wahrnehmen muss, dass der richtigste Zeitpunkt eines Eingriffes vielleicht auf Nimmerwiederkehr versäumt worden ist. Nichts ist fehlerhafter, als, wenn der Verdacht einer conträren Sexualempfindung im Kindesalter auftaucht, die Sache auf sich selbst beruhen zu lassen, nichts gefahrvoller als — was man leider nicht selten hört —, wenn der Arzt annimmt, dass sich eine solche Anomalie später geben werde und die besorgten Eltern mit diesem Troste ziehen lässt. Es muss die Möglichkeit zugegeben werden, dass ein Individuum vielleicht ganz transitorisch in der Jugend conträre Empfindungen hegen kann und dieselben dann im Wege der Selbstcorrectur spontan gegen normale, heterosexuelle eintauscht. Wandlungen in dieser Beziehung kommen vor und auch unsere hier angefügten Krankengeschichten weisen solche Fälle auf. Doch auf 10 Fälle dieser Art wird kaum einer kommen, wo eine solche Spontanheilung eintritt und die abnorm angelegte oder entgleiste Vita sexualis von selbst in ihr normales Geleise zurückfindet. Wenn das Glück im Unglücke es fügt und eine intelligente Mutter mit dem Verdachte der conträren Sexualempfindung zum Arzte kommt, so muss dieser der Sache mindestens ebenso grosse, vielleicht aber noch grössere Bedeutung beilegen, als wenn es sich z. B. um eine „Apicitis“ oder eine Coxitis oder Spondylitis handelte. Bei diesen Krankheiten droht dem Kranken der Jammer, ein Krüppel zu werden oder sogar der Tod. Und diese gewiss schrecklichen

Sachen sind klein und unbedeutend gegenüber dem Jammer und Elend eines langen Menschenlebens, dessen Inhalt und Um und Auf eine conträre Sexualempfindung mit allen ihren socialen und pathologischen Consequenzen ist. Die Aufmerksamkeit für diese Frage muss bei den Pädagogen angeregt werden. Wenn sie die Sache kennen werden, und frühzeitig das betreffende Kind rationeller Behandlung zugeführt werden wird, so ist begründete Hoffnung vorhanden, dass man für diese armen Geschöpfe wird mehr thun können, als wenn sie selbst nach vielen Jahren um Hilfe bitten kommen. Leider geschieht ersteres heute noch nicht oft. Viel öfter hört man — es nützt nichts, die Sache zu beschönigen —, dass die entdeckte Anomalie vom Arzte unterschätzt wurde, und der in diesen Fällen geradezu typische, trügerische Trost gegeben wurde, die Anomalie werde mit dem Eintritte der Pubertät normalen Gefühlen weichen! Wir möchten allen Eltern es einprägen und allen Aerzten: Wenn bei einem Kinde conträre Sexualempfindung constatirt wird, so müssen unbedingt alle anderen Rücksichten zurücktreten, als da sind: Bildung, Erziehung etc. Das Kind muss aus dem Hause weg, es muss einer sachverständigen Anstalt überantwortet werden. Im Kindesalter ist keine andere Therapie denkbar, als die, welche auf absolute Indifferenz in geschlechtlicher Beziehung hinarbeitet. Hier kann man keinen „Horrorem viri" oder „Libidinem versus feminam" suggeriren. Hier müssen um jeden Preis die Masturbation unterdrückt und auf ein Vergessen aller geschlechtlichen Beziehungen hingearbeitet werden, wenn auch Jahre darüber vergehen sollten und eventuell die künftige Mitgift oder der Studienfonds des Vaters dabei erschöpft wird. Es ist vorzuziehen, ein sexuell indifferenter Tagewerker, als ein conträr sexueller Millionär zu sein!

I.

Allgemeiner Theil.

———

Die Therapie anomaler Sexualzustände ist von der Gesammtbehandlung der mit diesem Defecte Behafteten nicht zu trennen. Es bilden die krankhaften Erscheinungen der Geschlechtssphäre in der weitaus überwiegenden Mehrzahl der Fälle blos einen Theil der an dem Kranken zur Beobachtung und Behandlung gelangenden Allgemeinsymptome. Die Mehrzahl dieser Patienten sind erblich Belastete, bei welchen somit von Geburt an eine gewisse Disposition für nervöse Erkrankungen besteht. In der Mehrzahl dieser Fälle wäre wohl mit aller Wahrscheinlichkeit auch ohne das Hinzutreten irgend welcher sexueller Momente früher oder später ein vielleicht anatomisches, wahrscheinlich aber functionelles Nervenleiden zu gewärtigen gewesen, und von allem am wahrscheinlichsten eine leichtere oder schwerere Form der allgemeinen Nervosität, der Neurasthenie, sei es cerebral, spinal, oder sonstwie, aufgetreten. Mitunter können wir es sehen, dass eine zeitlang Neurasthenie und ein sexuell anormaler Zustand neben einander einhergehen. Wenn dann, dank eines occasionellen Momentes, z. B. der Pubertät, die Vita sexualis ihren dominirenden Einfluss geltend zu machen beginnt, erhält erst das ganze Krankheitsbild sein Gepräge als sexuelle Neurose. Die Erblichkeit ist die mächtigste Quelle für Nervosität. v. Krafft-Ebing schlägt ihre ätiologische Bedeutung auf ca. 80 Procent aller Fälle an. Dieses wichtige Gesetz der Heredität spielt in der Neuropathologie und Biologie überhaupt eine ganz dunkle Rolle. Während wir wissen, dass sexuelle Anomalieen, wie die Neurosen überhaupt, bei erblich Belasteten häufiger vorkommen als bei anderen, haben wir gar keine Kenntnisse von der speciellen Erblichkeit sexueller Anomalieen, d. h. wir wissen nicht, wie sich *eine* eventuelle Nachkommenschaft geschlechtlich abnorm veranlagter Individuen in Bezug auf die Vita sexualis muthmasslich verhalten wird. Wir wissen nicht, ob sich eine sexuelle Perversität auf die Nachkommen vererbt, und umgekehrt, ob und wie oft in der Familie und Ascendenz eines derartigen Kranken ebensolche Anomalieen vorgekommen sind. Während die meisten Menschen über alle anderen Affectionen ihrer Agnaten und Cognaten gewöhnlich gut orientirt sind, lässt uns hier die anamnestische Detailforschung aus begreiflichen Gründen meist im Stich. Eine ganz eigenthümliche Stellung zu dieser Frage der Erblichkeit nimmt die ausgesprochene conträre Sexualempfindung ein. Hier haben wir es mit einer Anomalie zu thun, welche als solche gewiss nicht vererbt werden kann, und stehen dem in der Entwickelungsgeschichte vielleicht einzigen Falle gegenüber, wo sich unzweifelhaft blos aus allgemeiner Disposition immer ein und dasselbe typische klinische Bild einer genau umgrenzten Anomalie entwickelt. Denn mehr als eine allgemeine Disposition können wir hier — wenn wir von den Fällen psychosexualer Hermaphrodisie und natürlich auch von den seltenen Fällen von geheilter conträrer Sexualempfindung absehen — als vererbt nicht ansehen. Nach der Anschauung von v. Krafft-Ebing ist es möglich, dass der Ascendent normal geboren, im späteren Leben conträre Sexualempfindung acquiriren, erwerben kann, welche dann als angeborene Anomalie bei seinen Nachkommen auftritt. Da aber zweifellos auch Fälle vorkommen, wo die Eltern sexuell vollkommen normal sind, muss die conträre Empfindung auch spontan entstehen können, und bei der Gleichmässigkeit der Erscheinungsformen dieser nicht seltenen Anomalie kann man nicht anders, als v. Krafft-Ebing's Theorie vollinhaltlich anzuerkennen, dass nämlich im grössten Theile der Fälle von conträrer Sexualempfindung diese als angeborene Anomalie mit auf die Welt gebracht wird. Die Richtigkeit dieser These wird ferner dadurch gestützt, dass nebst den sexuellen Momenten zu gleicher Zeit auch viele somatische und psychische Charaktere mit angeboren sind, welche sich auf eine Verkehrung des Geschlechtslebens beziehen, und welche unmöglich erst erworben werden können. Kann man auch z. B. bei den psychischen Anomalieen der Androgynen über Erbe oder Erwerbung streiten, so kann man dies doch nicht bei dem Körperbaue dieser „conträren κατ᾽ ἐξοχήν". Es beweisen solche Phänomene ferner, dass die conträre Sexualempfindung als psychische Qualität keine Bildung darstellt, welche ausserhalb des Planes und der Möglichkeit der schaffenden Natur liegen würde. Neben angeborener sexualer Perversion sprechen wir von einer erworbenen dann, wenn uns alle Angaben und Anzeichen zur Annahme berechtigen, dass der Keim einer normalen Geschlechtsempfindung mit zur Welt gebracht wurde, dass aber nach der Geburt in einem beliebigen Momente Einflüsse sich geltend gemacht haben, welche diesen normalen Trieb aus seinen Bahnen verdrängt und in ein pathologisches Geleise gelenkt haben. Einflüsse dieser Art können sehr verschieden sein, und sind in der Intensität ihrer Wirkung nicht zu unterschätzen; wenn man sich gegenwärtig hält, wie empfänglich ein jugendliches Gemüth für alle Eindrücke ist, welche mit dem eben erwachenden Elementartriebe, dem Mysterium des Geschlechtslebens, zusammenhängen, und welchen bestimmenden Einfluss dieses selbst auf das ganze übrige Gemüthsleben ausübt, wird man leicht ermessen, wie verhängnissvoll, weil für immer festhaftend, alle einschlägigen Motive und Directiven werden können. Wenn man von der conträren Sexualempfindung absieht, so muss man annehmen, dass andere Perversionen, wie z. B. der Sadismus und Masochismus, wohl äusseren, während der Eröffnungs- und Entwickelungsperiode der Vita sexualis einwirkenden Momenten ihren Ursprung verdanken, wenn man auch andererseits zugeben muss, dass, um solchen Einflüssen eine so intensive dauernde Einwirkung zu ermöglichen, ein gewisser Grad von labilem Gleichgewichte der sonst vielleicht normal angelegten Vita sexualis vorhanden sein muss. Diese Labilität aber, oder geringere Resistenzfähigkeit gegen äussere verführerische Beeinflussung durch Personen, Bücher oder durch die eigene Phantasie, erklärt sich ungezwungen aus der allgemeinen neuropathischen Disposition, deren Hauptquelle wieder die bereits eingangs gewürdigte Belastung abgibt.

1. Therapie der Masturbation.

Die Masturbation bildet in der Mehrzahl der Fälle von Perversität des Sexualtriebes eine Quelle neurasthenischer, krankhafter Empfindungen, welche einen so regelmässigen Symptomencomplex bilden, dass sie zum Aufstellen eines Krankheitstypus, der sexuellen Neurasthenie das Material boten. Allein nicht nur dadurch, dass die Masturbation der Neurasthenie immer wieder neue Nahrung gibt, wirkt sie unseren therapeutischen Bestrebungen auf dem Gebiete der sexuellen Perversitäten entgegen. In viel intensiverer Weise geschieht dies dadurch, dass sie eine sich immer wiederholende Form der Autosuggestion darstellt, welche unseren therapeutischen Suggestionsbestrebungen in geradezu diametraler Richtung entgegenwirkt; das gilt nicht nur von der wirklichen actuellen Onanie, sondern in vielleicht ebensolchem Ausmasse von der psychischen. An und für sich stellt die Masturbation gewissermassen den niedrigsten Grad sexueller Perversität vor; denn es ist gewiss anormal und krankhaft, wenn jemand in der Ausübung der Selbstbefriedigung einen gleichwerthigen Ersatz oder gar noch höheren Genuss als in dem heterosexuellen Verkehre findet. Dort wo die Manustupration gleichsam „faute de mieux" betrieben wird, ist sie ein deutlicher Hinweis auf die mangelhafte Energie und gesunkene Willenstärke des Betreffenden. Die psychische Onanie, welche viele als theilweise Befriedigung der erregten Libido cultiviren, ist ein wollüstiges Schwelgen der Phantasie

in Episoden, die entweder aus erlebten Thatsachen oder aus
der Lectüre, Bildern etc. reproducirt werden, oder unter allerhand Ausschmückungen nach der individuellen Perversitäts-
richtung construirt werden. Auch diese Gedankenthätigkeit
müssen wir als die Einzelacte einer vielleicht durch Jahre
oder Jahrzehnte fortgesetzten Autosuggestion auffassen, um
zu verstehen, wie tief sich der perverse Trieb auch ohne angeboren zu sein der Psyche eingraben und in das Geistesleben versenken kann. Demgemäss muss die psychische
Onanie nicht minder energisch als die wirkliche Manustupration
bekämpft werden. Die Wege, welche zur Bekämpfung derselben führen, decken sich auch mit den Mitteln, die uns
gegen die körperliche Onanie zu Gebote stehen.

Im ganzen sind unserer Therapie naturgemäss zwei
Bahnen offen: die Einwirkung auf die Psyche und die somatischen Massnahmen. Die psychische Einwirkung können wir
sondern in das „Traitement moral" unserer Patienten, die
Wachsuggestion und die eigentliche hypnotisch-suggestive Behandlung, während uns von somatischen Mitteln diätetische
sowohl als medicamentöse Behelfe zu Gebote stehen. Zwischen
beiden liegt noch die physikalische Behandlung.

Das Traitement moral beginnt mit der äusserst sorg-
fältigen Aufnahme der Anamnese. Dabei muss man sich in
das Geistesleben des Patienten vertiefen, den Uranfängen des
Geschlechtslebens bei ihm, speciell aber dem Beginne der
Masturbation nachspüren, ermitteln ob die Onanie motu proprio entstand oder durch Verführung zum erstenmal erlernt
wurde, und ob dieselbe vorwiegend psychischer Natur oder
ob körperliche Onanie häufiger ist. In der Regel wird sich
zeigen, dass der Manustupration eine ganze Reihe psychisch
masturbatorischer Acte vorausgeht, bevor gleichsam nach dem
Gesetze der Summation der Reize thatsächlich Onanie erfolgt.
Wir müssen jede Gelegenheit und also auch die erste Unter-
redung mit dem Kranken dazu benützen, um ihm klarzulegen,
dass die sexuellen Perversitäten, an denen er leidet und deren
Behebung er von uns verlangt, ihre Wurzel in der Onanie

haben, und ohne absolutes Aufgeben derselben, sei sie psychisch oder physisch, nicht curabel sind. Doch dürfen wir auch hier eine gewisse Grenze nicht überschreiten, und müssen uns ängstlich in Acht nehmen, um den Patienten nicht über die möglichen Folgen des verjährten Lasters in ganz unrichtiger Weise zu beunruhigen. Nachdem wir es vorwiegend mit neuropathischen Individuen zu thun haben, dürfen wir nie ausser Acht lassen, dass derartige Kranke aus jeder unvorsichtigen Frage des Arztes Deductionen nosophobischer Art abzuleiten geneigt sind. Hier ist es am Platze, dem Patienten, soweit es seine Intelligenz gestattet, klipp und klar auseinanderzusetzen, warum wir die Masturbation so energisch bekämpfen und was ihre Anhänger zu fürchten haben. Die Onanie als schweren geistigen Defect etwa darzustellen, wäre wissenschaftlich ebenso ungerechtfertigt als in unserem speciellen Falle therapeutisch verfehlt, unter Umständen sogar verhängnissvoll. Denn die Neurastheniker haben bekanntlich in hervorragender Weise die Tendenz, die wir eben erwähnten, die Ausübung der Masturbation als Ausgangspunkt ihrer angstvollen Empfindungen zu benützen und sich oft in der selbstquälerischesten Weise die Sicherheit einer herannahenden Tabes, Paralyse etc. zu prophezeien. Nach allen Ergebnissen der wissenschaftlichen Forschungen gehört die alte Lehre von der ausschliesslichen Aetiologie der Onanie für Tabes und Paralyse speciell in die Rumpelkammer medicinischen Aberglaubens. Lediglich wegen Masturbation ist noch nie ein Hinterstrang im Rückenmark degenerirt, noch niemand von einer Periencephalitis diffusa befallen worden. Der Grundsatz ist wohl unbestritten, dass (bei Nichtbelasteten) die Onanie überhaupt keine organischen Erkrankungen provociren kann, und jeder erfahrene Arzt wird es als gar nicht selten bezeichnen, dass man bei näherem Eingehen auf die Sache blühende, starke, familienreiche Männer findet, welche Masturbationem strenuam betrieben haben oder gar noch betreiben.

Allerdings verhält sich die Angelegenheit bei Belasteten

oder hereditär Disponirten etwas anders. Hier kann die Masturbatio nimia die Grundlage für eine schwere, an Psychose grenzende, oder sogar in eine Psychose übergehende Neurasthenie bilden. Dass sie bei erblich Belasteten auch in das Krankheitsbild einer anderen Psychose eintritt, ist ebenfalls nicht ausgeschlossen; sie kann unter Umständen die Grundlage des Wahnsystemes einer Paranoia abgeben, es kann jeder masturbatorische Act einen Rückfall oder eine Verschlimmerung einer bestehenden circulären oder periodischen Psychose provociren u. s. w. Ueberall ist aber die Masturbation blos als das veranlassende Moment und nicht als die Ursache der Erkrankung selbst anzusehen, und ein erblich nicht Belasteter läuft von der betriebenen Onanie überhaupt keine Gefahr dieser Art. So entschieden man nun an diesem wissenschaftlich einzig richtigen Standpunkte festhalten muss, ebenso energisch muss man aber die Onanie in allen ihren Variationen bei der Behandlung der anomalen Vita sexualis bekämpfen und unterdrücken. Die psychische Onanie kann mit der physischen, der Manustupration, vom therapeutischen Standpunkte aus gemeinsam besprochen werden.

Während wir bei dem Bestreben, die Masturbation zu beseitigen in dem einen Falle mit diätetischen Massnahmen allein, in dem anderen mit „Traitement moral" unser Auskommen finden, gibt es aber auch Fälle, wo wir selbst mit Nachhilfe aller medicamentösen Mittel dem eingewurzelten Uebel machtlos gegenüber stehen. Da haben wir noch ein allerdings ziemlich schwer anwendbares, dafür aber unfehlbar wirksames Mittel, um den Kranken von onanistischen Acten fernzuhalten; es ist dies die continuirliche, Tag und Nacht, und durch lange Zeit fortgesetzte Bewachung des Kranken. Wir haben eine solche ebenfalls mit Erfolg durchgeführt*). Diese Art der Behandlung stellt dann allerdings eine Zwangs-

---

*) In dem gedachten Falle handelte es sich allerdings nicht um eine sexuelle Anomalie im Sinne einer Perversität, sondern um eine andere Erkrankung, bei welcher die Unterdrückung der Masturbation ebenfalls à tout prix erreicht werden musste.

massregel vor, die nur dann zu ergreifen ist, wenn alle anderen Mittel fehlschlagen, und wenn es sich um einen intelligenten Patienten handelt, der Energie genug besitzt, um einzuwilligen, dass man ihn in dieser wohl peinlichen Weise von seinem Uebel befreie. Je länger die mit allen Mitteln erzielten Perioden der Abstinenz von Masturbation sind, desto mehr gewinnt die Hoffnung an Berechtigung, dass es gelingen wird, diesen einfachsten der perversen Triebe auszurotten.

Zu den diätetischen Massnahmen, welche gegen die Masturbation ergriffen werden müssen, zählen vor allem die Regelung der Lebensweise und der Diät.

Die Regelung der Lebensweise beginnt mit der richtigen, d. h. dem individuellen Bedürfnisse sorgsam angemessenen Eintheilung zwischen Bewegung und Ruhe. Für eine ausreichende Körperbewegung ist in erster Reihe Sorge zu tragen, dieselbe zu dosiren und wenn es nöthig ist, die Durchführung dieser Massnahme durch Ueberwachung zu controlliren. Zur körperlichen Bewegung rechnen wir das Gehen, wenn man will Spazierengehen, aber nicht das ziel- und planlose Bummeln, sondern ein nach Dauer und Zeit genau vorgeschriebenes Arbeitspensum. Man kann sich mit Nutzen dabei an eine Art Oertel'scher Terraineintheilung halten, die man sich zu dem speciellen Zwecke zurechtlegt. Sie hat den Vortheil, dass sie den Patienten gradatim von kleineren zu grösseren Leistungen anhält, zugleich den Nutzen aber, dass sie — für Individuen dieser Art ist dies nicht zu unterschätzen — eine Arbeitsleistung mit bewusstem Zwecke vorstellt; wie denn überhaupt das Ziel- und Zweckmässige in der Behandlung von Neurasthenikern nie ausser Acht gelassen werden soll.

Die nächstfolgende Stufe der körperlichen Bewegung sind Arbeitsleistungen und zwar Spiele im Freien, häusliche Arbeiten und Gymnastik mit Sportübungen.

Die Ausführung aller sich im Freien bewegenden Spiele, insbesondere der uns von England überkommenen Spiele, ist statthaft und rathsam. Bei der Ausübung derselben ist nebst allen anderen Dauer und Intensität etc. betreffenden Vorschriften auch die Gesellschaft, in welcher sie cultivirt werden, zu überwachen.

Zu den häuslichen Arbeiten werden solche im Garten oder Felde herbeigezogen, ferner das viel und gerne verordnete Holzsägen und Spalten etc.

Was die Gymnastik betrifft, so werden alle Freiübungen sowie das Turnen an freien Geräthschaften der Arbeit an Maschinen und Apparaten, der passiven Gymnastik, vorzuziehen sein. Diese letzteren stellen nur ein Surrogat der Frei- und Geräthübungen vor — wohlverstanden für unsere Zwecke. Ebenso verhält es sich mit dem Ergostaten und ähnlichen Apparaten. Von sportlichen Uebungen gestatten wir das Rudern, Fechten etc., nicht aber Reiten und Radfahren. So ausgezeichnete Arten der Bewegung in freier Luft diese beiden Sporte sonst darstellen mögen, so unzweckmässig erweisen sie sich für unsere zu lösende Aufgabe, indem sie, wenn nichts anderes, so doch eine mechanische Erschütterung und damit das Hinlenken der Aufmerksamkeit auf den Genitaltract provociren.

Die Detailmassnahmen aller dieser hergehörigen Formen der körperlichen Bewegung zu schildern, ist hier nicht am Platze. Sie hängen von den Hilfsmitteln ab, die einerseits dem Arzte oder der Anstalt, andererseits aber auch dem Patienten zu Gebote stehen. Es muss uns genügen, die Principien flüchtig, wie es geschehen ist, zu skizziren und hervorzuheben, dass man bei alle dem auf das Zweckmässige sehen, das richtige Mass einhalten und in jedem Falle auch die Gesellschaft (was natürlich nur von Anstalten gelten kann) genau berücksichtigen muss, in welcher Sport und Spiele cultivirt werden.

Von Alters her wurde bei der Beurtheilung sexueller Erregungszustände und ähnlicher Affectionen auf die Ernährungsweise der betreffenden Individuen grosser Werth gelegt. Man bringt gewisse Ernährungsweisen mit einer Steigerung der Libido sexualis und einer Aenderung der Anspruchsfähigkeit

des Ejaculationscentrums in Verbindung. Daher erscheint es
am Platze, diese Frage zu streifen, um den principiellen Standpunkt in derselben zu fixiren.

Vor allem ist es eine unbestreitbare Thatsache, dass
Schwankungen des Ernährungszustandes jede Neurose und
jede Psychose beeinflussen können. Es ist eine Erfahrung,
die man alltäglich machen kann, dass sehr viele Patienten
dieser Art eine Verschlimmerung ihres Befindens erleiden, sobald sie an Körpergewicht verlieren, und umgekehrt, dass
eine Besserung des Zustandes mit einer Zunahme des Körpergewichtes Hand in Hand geht. Auch schwere Neurastheniker
verhalten sich oft so. Nicht selten hören wir die Mittheilung,
dass eine acute Verschlimmerung der Neurasthenie mit einer
rapiden Gewichtsabnahme eingesetzt hat oder einhergegangen
ist. Ohne auf die physiologische Deutung dieses Verhältnisses
eingehen zu wollen, müssen wir der Thatsache Rechnung
tragen. Die zur Behandlung gelangenden Perverssexualen
sind in ihrer Ernährung oft in erheblichem Grade herabgekommen. Ob nun die Gewichtsabnahme der Neurasthenie.
der Masturbation, den gehäuften Pollutionen, oder umgekehrt
alle diese Uebelstände dem herabgesetzten Körpergewicht zu-
zuschreiben sind, ist ja für den Standpunkt des Therapeuten
irrelevant. Es genügt zu hören oder zu beobachten, dass
synchron mit der Abnahme des Körpergewichtes eine Verschlimmerung des Zustandes eingetreten ist, um in dieser
Thatsache einen Fingerzeig zu erblicken, der gesunkenen Ernährung möglichst schnell wieder aufzuhelfen. Es folgt daraus,
dass unsere Patienten gut, kräftig und reichlich ernährt werden müssen. Wir bevorzugen eine gemischte Kost, bei welcher
Vegetabilien prävaliren. Ueppige Fleischnahrung, oftmalige
Fleischmahlzeiten im Tage üben keine günstige Wirkung aus,
doch muss man in nicht allerschwersten Fällen die Fleischnahrung nicht ganz entziehen. Mittags kann man eine Fleisch-
speise, in welcher Art und Form immer gestatten, Abends
hingegen ist es besser, dass kein Fleisch gegessen werde.
Pro Tag und Kopf genügt ein Gesammtquantum Fleisch von

150—250 g in gebratenem Zustande. Wir gestatten dem Patienten alle Gemüse in jeder Form. Von keinem einzigen steht es fest, dass dasselbe eine erogene Wirkung hätte, obwohl es von einzelnen derselben behauptet wird. Eher scheint es, dass es dabei auf verschiedene Gewürzzuthaten ankommt. Einzelne Gewürze (Zimmt, Vanille, Paprika, Pfeffer und Aehnl.), wie überhaupt stark gewürzte Speisen ist es besser, zu vermeiden; wenn auch nicht im allgemeinen, so sind diese Küchencorrigentien doch für Einzelne in der gedachten Richtung hin anregend. Ausnahmslos sind Eier und Milch in jeder Form zweckmässige Gerichte, letztere als Getränk und in Speisenform (mit Reis, Gries etc.), besonders zu bevorzugen. Bezüglich des Fettgehaltes, dann bezüglich saurer, süsser Speisen etc., müssen wir, wenn sonst kein Grund vorliegt, keine besonderen Schranken ziehen. Sehr empfehlenswerth ist Obst, und wo rohes nicht vertragen wird, Dunstobst, schon mit Rücksicht auf die bei Patienten unserer Art so häufig vorkommende chronische Constipation. Eine regelmässige Controle des Körpergewichtes, etwa wöchentliche oder 14 tägige Wägung, ist angezeigt. Dann kann man sich oft davon überzeugen, dass sich die Besserung mit der Zunahme des Gewichtes oft ganz parallel verhält.

Eine ganz präcise Stellung nimmt in der Ernährungsweise unserer Patienten der Alkohol in jeder Form ein. Derselbe ist eine Substanz, die ausgesprochen erogen wirkt, und daher vollkommen gestrichen werden muss. In der überwiegenden Mehrzahl unserer Fälle handelt es sich überdies um willensschwache und energielose Menschen, bei welchen schon ein verhältnissmässig geringes Quantum von Alkohol hinreicht, um den Rest ihrer moralischen Kräfte zu betäuben oder zu lähmen. Aus diesen beiden Gründen wird am besten allen derartigen Patienten, entweder temporär, während der Behandlungsdauer, oder aber für immer der Alkohol entzogen. Bier, Wein, wie alle geistigen Getränke, werden durchaus verboten. In einem leichten Falle, wo die absolute Alkoholabstinenz etwa aus anderen Gründen contraindicirt wäre, oder aber eine allzugrosse Entbehrung darstellen würde, könnte man sich allenfalls nach einem Ersatzmittel umsehen. Als solches wäre am ehesten das russische Nationalgetränk „Kwas" herbeizuziehen, ein aus Wasser, Hefe, Kümmel und Aehnl. zusammengesetztes Getränk. Dasselbe bietet, wenn auch keinen vollkommenen, so doch wohlschmeckenden und relativ harmlosen, deshalb werthvollen Ersatz für Bier und Wein. Ferner ist es vortheilhaft, auch Thee und Kaffee zu entziehen und durch Surrogate (Malzkaffee etc.) zu ersetzen, oder am Besten statt aller dieser Milch trinken zu lassen. Was speciell den Alkohol betrifft, so unterliegt es keiner Frage, dass die Abstinenz von demselben allein oft hinreichen würde, um die sexuell überempfindlichen Perversen von der Bethätigung ihrer Triebe abzuhalten und sie davor zu schützen, mit dem Gesetze in Conflict zu gerathen. Wir können eigene und fremde Erfahrungen hiefür namhaft machen. So manche Luës, aber auch so manche noch viel ernstere Tragödie hätten nicht stattfinden müssen, wären sie nicht von dem Dämon des Alkohols inspirirt worden. Auch hier ist es wie überall besser, radicale als halbe Massregeln zu ergreifen. Gestattet man kleine Quantitäten, dann ist man nie sicher, dass dieselben nicht überschritten werden. Wo, wie es nicht selten ist, mit den sexuellen Anomalieen auch ein ausgesprochener Alkoholabusus einhergeht, soll man in rationeller Weise die Entziehung des Alkohols mit der Behandlung der Sexualsphäre verbinden, und die Abstinenz von Alkohol ganz besonders bei der Suggestivbehandlung berücksichtigen. Das Rauchen muss nicht immer und in allen Fällen unbedingt untersagt werden; es wäre nur dort am Platze, Nicotin vollkommen zu entziehen, wo der Genuss desselben gleichzeitig einen Reiz für den Gebrauch von Alcoholicis abgibt.

Wir haben demnach in der Diätotherapie unseres speciellen Capitels zweierlei Momente als Principien aufzustellen: erstens eine hinreichende Kost, um eine Zunahme des Körpergewichtes zu erzielen, oder aber, wo dieses letztere ein genügendes ist, eine Abnahme zu verhindern, und zweitens eine blande Diät, welche aber dem erstgenannten Ziele in keiner Weise ein Hinderniss entgegensetzen darf.

Ueber das Verhältniss der Fleischnahrung zu der vegetabilischen, bezw. über die Regulirung der Nahrungsaufnahme nach dieser Richtung hin, können wir in zweifelhaften Fällen mit Nutzen die Untersuchung des Harnes als Basis für unsere diätetischen Vorschriften herbeiziehen. Bei gesunden Menschen hat der Harn eine saure Reaction, insolange gemischte Kost gereicht wird, und die Summe der Säureäquivalente die der Basenäquivalente überwiegt. Wenn auch die Beschaffenheit der Nahrung nicht das einzige Moment ist, welches auf die Acidität des Urins einwirkt, insbesondere auch die Zeit der Nahrungsaufnahme (Wirkung des salzsäurehältigen Magensaftes), die Muskelarbeit, die Schweissabsonderung etc. auf den Säuregrad desselben Einfluss nehmen, so bietet unter Berücksichtigung dieser Umstände doch die Aciditätsbestimmung des Harnes einen Anhaltspunkt für die diätetischen Vorschriften *).

Ferner müssen noch die bereits erwähnten Verhältnisse der Darmthätigkeit· mit berücksichtigt werden, da wir es ebenso oft mit einer hartnäckigen Constipation, wie mit störenden Diarrhöen zu thun haben können, und schliesslich legt auch der Magen ab und zu sein Veto ein.

Ein weit weniger grosses Gewicht, als auf die Ernährungsweise, ist auf die Kleidung zu legen. Dieselbe muss zwar in rationeller Weise der jeweiligen Jahreszeit angepasst werden, doch können wir hier den individuellen Wünschen und Bedürfnissen der meist sehr verwöhnten Patienten dieser Art in liberaler Weise Rechnung tragen.

---

*) Zur Literatur der Diätotherapie einschlägiger Anomalieen s. bei Weir Mitchell, Behandlung gewisser Formen von Neurasthenie, deutsche Uebersetzung, Berlin 1887. — Playfair, Systematische Behandlung der Nervosität, Berlin 1883. — Fürbringer, in Nothnagel's specieller Pathologie und Therapie XIX, 3 (1895) und Derselbe, im Handbuch der Ernährungstherapie und Diätetik, von Leyden, II. Bd., 2. Abth., p. 587 u. ff., etc. etc.

Wenn die Tageseintheilung des Patienten festgestellt und seine Beschäftigung und Nahrungsaufnahme nach den besprochenen Grundsätzen regulirt worden ist, so tritt eine neue und in unserem Falle besonders wichtige Frage heran, nämlich die Regulirung des Schlafes. Auch hier sind es zwei Ziele, die nicht aus dem Auge gelassen werden dürfen; es muss erstens ein nach Qualität und Quantität hinreichender Schlaf sein, um dem Ruhebedürfnisse des Patienten Rechnung zu tragen, dann aber zweitens müssen wir die Beziehungen des Schlafes zur Vita sexualis ängstlich überwachen.

Die Dauer des Schlafes schwankt individuell, und natürlich auch nach dem Masse der geleisteten körperlichen und geistigen Arbeit, welche beide, wie man annimmt, die den Ruhezustand auslösenden Ermüdungsstoffe hervorbringen. Im allgemeinen genügt eine Schlafdauer von 6—7 Stunden als Minimum, und 8—9 Stunden als Maximum. Tagsüber gestatten wir nicht oder nur ganz ausnahmsweise (wo es für curative Zwecke, z. B. für die Suggestivsitzungen nöthig ist) zu schlafen.

Nebst der Dauer des Schlafes kommt nun als zweites ebenso wichtiges Moment das Verhalten desselben und der Träume zur Vita sexualis.

Vor der Besprechung dieser Fragen haben wir noch ein, wenn man so sagen darf, technisches Moment zu erwähnen, nämlich die Art und Weise des Schlafengehens und der Schlafstätte. Diese beiden Punkte kehren ihre Spitze nur zum Theile gegen die Art der Träume, hauptsächlich aber gegen die psychische und physische Onanie, nam jacet anguis sub tecto!

Der Zeitpunkt des Schlafengehens werde so gewühlt, dass der Patient nur bei ausgesprochenem Schlafbedürfnisse und Müdigkeitsgefühle zu Bette gehe. Das Bett sei zwar bequem aber nicht üppig, also einfache harte Unterlage (Strohsack), rauhes, grobes Leinen, ein bis höchstens zwei Rosshaar- oder Lederkopfpolster, Kotzen oder Decken, keine Flaumen. Die Temperatur des Zimmers überschreite nie

14⁰ C., jede Lectüre im Bette ist strenge untersagt. Dort, wo die Suggestionsbehandlung geübt wird, ist es am zweckmässigsten, dieselbe im Augenblicke des Zubettegehens vorzunehmen. Der Patient muss nach dem Niederlegen in kürzester Zeit einschlafen; wo das nicht erwartet oder erreicht werden kann, muss man künstlich nachhelfen in gleich zu besprechender Weise. Doch vorher müssen wir noch dem Traume einige Worte widmen.

Das Wünschenswertheste wäre es für unsere Patienten, traumlos zu schlafen; alles müssen wir aber aufbieten, dass dies wenigstens ohne erotische Träume geschehe. Das Traumleben, also die unbewusste Thätigkeit der Hirnrinde, ist geradezu ein Prüfstein für den Inhalt der Vita sexualis. Selbst wenn, dank der moralischen Energie oder der Therapie, insbesondere der Suggestion, alle perversen Sexualempfindungen aus dem bewussten Dasein verschwunden sind, haften oft solche noch zähe im unbewussten Leben und geben sich im Traumleben kund. Ferner können erotische Träume zu Pollutionen Anlass geben und eine ungewöhnliche Erregbarkeit der Libido für den kommenden Tag hinterlassen. Auf die Bedeutung des Trauminhaltes kommen wir bei der Suggestivbehandlung noch zu sprechen, hier genügt es, dieser Thatsachen Erwähnung zu machen, um auf die Wichtigkeit der Unterdrückung der Träume nach Möglichkeit hinzuarbeiten.

Die Mittel, welche uns zu Gebote stehen, um den Schlaf hinreichend fest und ausgiebig zu gestalten, sind zum Theil physikaler, zum Theil medicamentöser Art.

. Zu den ersteren gehören hydriatische Proceduren, und zwar:

protrahirte lauwarme Vollbäder von etwa 27⁰, unmittelbar vor dem Schlafengehen von ½ bis zu 1½ Stunden. Statt dieser kann man anwenden:
kurze lauwarme Einpackungen von 24—27⁰, jedoch nicht länger als ½ Stunde.
Bei manchen Menschen wirken schlafbefördernd lauwarme Theil- oder Ganzwaschungen, mit oder ohne

Zusatz von aromatischen Essenzen, kühle Wadenbinden, Priessnitz'sche Leibbinden (Neptunsgürtel), nasse Fusstücher etc. .

Die letztgenannten Mittel haben wohl blos einen suggestiven Einfluss, während die lauen Bäder und Waschungen durch Erzeugung eines allgemeinen Müdigkeitsgefühles den Schlaf befördern.

Ueber mechanische Mittel, insbesondere das Vibrationsbett, fehlen noch genügende Erfahrungen. Wo diese Hilfsmittel nicht hinreichen, bleibt nichts übrig, als zu Medicamenten Zuflucht zu nehmen.

Nachdem wir eine Reihe harmloser solcher Mittel besitzen, ist es besser, im gegebenen Falle nicht zu lange mit ihrer Anwendung zu zögern.

Von den hier in Betracht kommenden Hypnoticis verdienen erwähnt zu werden:

Das Bromnatrium, allein oder mit Zusatz von Codeïnum icum, ersteres in der Dosis von 2,5—3,0, letzteres 0,03—0,05, Abends in einem Glase Zuckerwasser aufgelöst zu nehmen.

Trional von 1,0—2 wird am besten ½—1 Stunde vor der beabsichtigten Wirkung mit einem warmen Menstruum, Milch oder Thee etc., gegeben. Es ist dem Sulfonal vorzuziehen. Eine schädliche Nebenwirkung besteht nicht, wenigstens bei nur temporärem Gebrauche. Zweckmässig ist es, dasselbe nur jeden zweiten Abend oder mit Brom abwechselnd zu geben, da eine gewisse Nachwirkung diesem Mittel nicht abgesprochen werden kann.

Paraldehyd, zuerst von Cervello empfohlen, ist namentlich frei von unangenehmen Nebenwirkungen (Ewald), in Dosen von 4,0—6,0—8,0.

Amylenhydrat, in Dosen von 4,0—6,0, von v. Mering als Schlafmittel empfohlen, soll auch nach Schaarschmidt keine unangenehmen Zufälle hervorrufen (Ewald).

Die beiden letzten Mittel haben, besonders das Paraldehyd, einen sehr unangenehmen Geschmack, weshalb man auf die Verschreibweise besondere Rücksicht nehmen muss. Man benutzt als Corrigentien mit bestem Vortheile die Tct. aurantii, dann Spir. sacchari und die Essentia pro limonada.

Mit den genannten Mitteln wird man in der Regel sein Auskommen finden, wo nicht, kann man noch die zahlreichen anderen Mittel der modernen Materia medica herbeiziehen. Aber zu vermeiden sind das Opium und seine Derivate (ausser dem Codeïn) und Cannabis indica. Dieselben sollen nicht nur wegen der möglichen Angewöhnung bei Seite liegen gelassen werden — die Gefahr einer solchen liegt bei Kranken unserer Kategorie noch näher als bei anderen —, sondern auch deshalb, weil sie bei vielen Menschen mit dem Schlafe zugleich Träume meist heiteren Inhalts provociren, die dann bei hierzu Disponirten leicht eine erotische Färbung bekommen können. Es haben sich unter den Mitteln der sogen. „Pharmacopoea elegans", dem gesteigerten Bedürfnisse des nervösen Zeitalters entsprechend, eine Reihe von Mitteln eingebürgert, die mit grossem Unrecht als harmlose Schlafmittel dem Publikum zum Theile freigegeben werden. Man kann mit denselben Erfahrungen trauriger Art machen. Allen voran steht die sogen. „Bromidia", welche schon zu mehr als einem Chloralismus unserer Beobachtung Anlass gegeben hat.

Wie bereits betont, soll man nicht zu lange zögern, zu den erwähnten harmlosen Schlafmitteln zu greifen. Denn in unseren Fällen ist es von grosser Bedeutung, dass die Patienten bald einschlafen und bis früh nicht erwachen. Gleich nach dem Erwachen muss das Bett verlassen werden; noch zweckmässiger ist es, den Patienten nach genügend langer Schlafzeit zu wecken und das Tagewerk etwa mit einer kühlen Waschung zu beginnen, was erfrischend wirkt, und einer neuen Gefahr, dem Bettliegen des Morgens, entgegenarbeitet und vorbeugt.

Wenn mit diätetischen Vorschriften, Nahrung, Schlaf, Arbeit etc. betreffend, die Libido sexualis noch nicht hinreichend herabgedrückt wird, um masturbatorische Handlungen zu verhüten, dann recurriren wir zu Wasserproceduren und Medicamenten.

Die hydropathischen Massnahmen, welche hier in Betracht kommen, sind nicht specifisch gegen die Masturbation gerichtet, sondern der Behandlung der allgemeinen Neurasthenie entlehnt. Es sind dies:

Halbbäder, lege artis ausgeführt, nicht über 24° und nicht unter 16°, nicht länger als 5 Minuten,

aufsteigende Regendouchen von derselben Temperatur,

Strahlendouchen auf den Damm, Sitzbäder, fliessende (kalte) Frictionsfussbäder etc.

Ferner wird in einzelnen Fällen in der Absicht, die Anspruchsfähigkeit des Ejaculationscentrums herabzusetzen, der galvanische Strom (mit zweifelhaftem Nutzen!) angewendet. (Ueber die Technik des Verfahrens siehe weiter unten.)

Schliesslich käme noch die Kühlsonde in Betracht (ebenfalls l. c.), um mit Herabsetzung der Libido auch den Reiz zur Masturbation niederzuhalten.

Unter den Medicamenten, welche im Rufe sogen. „Antiaphrodisiaca" stehen, besitzen die meisten diese Eigenschaft entweder gar nicht oder doch nur bei einzelnen Individuen. Zweifellos wirksam erweisen sich nur: vor allem

Camphora monobromata, und zwar entweder in Form von Suppositorien in der Dosis von 0,8—1,2 oder innerlich mit Extr. valerianae āā bis zu 0,50! pro die in Pillenform (wird wegen der Valeriana zweckmässig verschrieben „pill. fol. obduc. argent."). Sehr wirksam ist auch die Combination von Monobromkampfer mit Atropinum sulfur. 0,0005—0,001! pro dosi in Suppos. Derartige Zäpfchen werden am besten Abends, unmittelbar vor dem Schlafengehen, eingeführt.

Von den sonstigen Antiaphrodisiacis verdienen noch hervorgehoben zu werden:

Extr. secal. corn. aquos. bis 0,5! pro die,
Natrium salicylicum 1½—3,0! pro die,
Tct. veratri viridis 0,5—1,5! pro die,
Natrium nitricum von 2,0—4,0! pro die, und vielleicht die Combination von Phenacetin und Codeïn, ersteres ca. 0,70, Codeïn 3—5 cg.

Zur Bekämpfung gehäufter Pollutionen erweist sich ferner zuweilen nützlich:

Chininum ferro-citricum mit Extr. sec. corn. in Pillenform, dann der canadische Syr. Fellows, Lupulin, Bromsalze etc.

Weil dieselben einigemal in der nachfolgenden Casuistik erwähnt werden, seien hier auch die entgegengesetzt wirkenden Mittel, einige der Stimulantien des Geschlechtstriebes, die Aphrodisiaca, erwähnt. Zu diesen zählt man:

das Cocaïn, rein oder in Gestalt eines Coca-Infuses,
Extr. damianae fluid. von Damiana aphrodisiaca,
dann der Organotherapie entlehnte Mittel, wie Didymin, Liqueur orchitique, Orchidin, Séquardin, Textin, Spermin etc.

Werthvoller als alle diese erweist sich bei rationeller Auswahl der Fälle eine Dosis plena von Brom oder die Tct. valerianae als Suggestivmittel; wie es denn überhaupt im Wesentlichen darauf ankommt, den Grund und die Ursache diesbezüglicher Störungen zu ermitteln und zu beheben, und der Werth der unzähligen von Aerzten und Anderen empfohlenen einschlägigen Medicamente entweder ein suggestiver oder illusorischer ist.

Einer Erwähnung bedarf noch die Therapie bei den Consecutivzuständen lange fortgesetzter Masturbation, zu welchen wir vornehmlich die Störungen der Herzthätigkeit und die Störungen der Darmfunction zählen. Diese beiden

krankhaften Veränderungen werden gewöhnlich als neurasthenische oder nervöse Erkrankungen der Neurasthenie zur
Last gelegt und als Neurasthenia cordis bezw. Neurasthenia
intestinalis, bezeichnet. Bei 13 Fällen von sogen. neurasthenischer oder nervöser Herzthätigkeit (mit und ohne sexuelle
Perversitäten) konnten wir jedesmal noch bestehende oder
vorausgegangene Masturbation constatiren, welche mit der
Intensität der Onanie zu- oder abnahm. Wir sind daher
geneigt, die Herzbeschwerden, seien es Palpitationen oder Veränderungen im Herzrhythmus, direct der Masturbation zu-
zuschieben. Hierher zählen wir auch jene Fälle, wo die
Herzfrequenz in eine ausserordentlich deutliche und intensive
Abhängigkeit von den respiratorischen Schwankungen tritt,
so dass zwischen der Herzfrequenz während des Inspiriums
und der Herzfrequenz beim Exspirium und während der
Respirationspause ein ungewöhnlich grosser Unterschied besteht, eine wirkliche Irregularität constatirt werden kann.
Dieses Phänomen sehen wir bei Neurasthenikern, welche
langjährige Masturbation betreiben, fast constant, so dass
wir gewöhnt sind, dasselbe als objectiven Hinweis bestehender
Onanie anzusehen. In den allermeisten Fällen gibt dann die
Nachfrage und Nachforschung dem durch dieses Phänomen
erweckten Verdachte vollinhaltlich Recht. Sowohl die psychische als die manuelle Onanie können diese Erscheinung
hervorrufen.

Bei Abwesenheit anderer schädlicher Momente (Nicotin-
abusus, Alkohol, psychische Emotionen etc.), sowie bei Abwesenheit aller organischen Erkrankungen des Herzmuskels
oder seiner Klappen werden sich mit der Beseitigung der
Masturbation auch diese Erscheinungen von Seiten des Her-
zens vollkommen verlieren. Wo dieselben in so intensiver
Weise auftreten, dass sie dem Patienten beträchtliche Beschwerden bereiten, also z. B. heftige Palpitationen oder bei
Arhythmieen das sehr qualvolle Gefühl des momentanen Herz-
stillstandes etc., können wir mit Nutzen als physikalische Hilfsmittel die faradische Pinselung der Herzgegend oder den

Leiter'schen Kühlapparat auf das Herz appliciren. Wo das nicht hinreicht, wirkt am besten die Tct. strophanti in kleinen, vorsichtigen Dosen. Wir sagen unter Umständen dem Patienten direct, dass seine Herzbeschwerden von der anomalen Vita sexualis, die er führt, herrühren, und ohne ihn natürlich irgendwie hierüber in ganz unnützer Weise zu beunruhigen, sehen wir nicht selten, dass der betreffende Kranke gerade wegen der Herzanomalieen der Onanie von da ab entsagt und sich beherrscht.

In weit weniger präciser Weise als die Anomalieen der Herzthätigkeit beherrschen wir jene Störungen in den Functionen des Darmapparates, welche wir der Neurasthenie. in letzter Instanz aber der Masturbation zuschreiben. Hier sehen wir ganz unregelmässig, im Ganzen aber doch von der Disposition des betreffenden Patienten (insbesondere seinem früheren Verhalten in dieser Beziehung) abhängig, bald eine gesteigerte Darmthätigkeit (Diarrhöen), bald eine herabgesetzte (Constipation) eintreten. Das letztere ist nach unseren Erfahrungen das bei weitem häufigere. Hier müssen wir zu der Thatsache recurriren, dass auch bei zahlreichen anderen Anomalieen der Psyche und des centralen Nervensystems Abweichungen von der Norm sehr häufig sind (Hysterie, Dysthymie, Melancholie etc.). Unsere hygienischen und diätetischen Massnahmen, welche gegen die Neurasthenie resp. Masturbation gewendet sind, müssen sich auch gegen diese Störungen wenden und erreichen auch meistens, ohne besondere medicamentöse Nachhilfe, die uns zu Gebote stehenden physikalischen Hilfsmittel hier den ganzen Erfolg.

2. Therapie bei abnorm gesteigerter Anspruchsfähigkeit des Ejaculationscentrums.

Während im Normalzustande die Thätigkeit dieses Centrums erst dann eintritt, wenn eine ganze Reihe von dahin gerichteten Reizen zu einer gewissen Summe sich addirt hat, sehen wir, dass bei krankhaft gesteigerter Erregbarkeit der betreffenden Partieen verhältnissmässig geringe Anlässe genügen, um ein Profluvium auszulösen. Im Normalzustande bedarf es einer Reihe von Tagen, wo sexuelle Abstinenz eingehalten wird, damit die Anspruchsfähigkeit des Centrums so weit anschwelle, dass durch einen erotischen Traum z. B. eine sogen. physiologische Pollution erfolge. Die Intervalle derselben sind individuell verschieden, doch dürfte hier zweimal in der Woche die untere Grenze sein. Wird diese physiologische Grenze überschritten, dann haben wir es mit dem pathologischen Zustande der gehäuften Pollutionen zu thun. Der Unterschied physiologischer und pathologischer Pollutionen ist auch durch die verschiedene Reaction gegeben, mit welcher der Organismus, speciell das centrale Nervensystem, dieselben beantwortet. Während die physiologischen Pollutionen als blosse Depletion der überfüllten Organe und Ausdruck der Lösung wirken, welche die durch die angesammelten psychischen Reize erzeugte Spannung erfährt, dementsprechend ein vollkommenes, oft gesteigertes Wohlbefinden zur Folge haben, rufen gehäufte Pollutionen eine allgemeine Mattigkeit, Müdigkeit, Abgeschlagenheit, Unlust zu geistiger Thätigkeit, eventuell Kopf- und Rückenschmerzen, am nachfolgenden Tage hervor. Ebenso ist es krankhaft, wenn in wachem Zustande sinnliche Reize hinreichen, um eine Ejaculation zu provociren, oder wenn ein wirkliches Profluvium seminis mechanisch bei Contractionen von Nachbarorganen (Darm, Bauchpresse) eintritt, und schliesslich manifestirt sich der mangelhafte Tonus der betreffenden Organe in einer vorzeitigen Ejaculation, also einer solchen, welche nicht auf der Höhe des Orgasmus, sondern viel früher eintritt.

Alle diese genannten pathologischen Zustände gehören nur insoferne in den Rahmen unserer Betrachtung, als sie das Bild der anomalen Vita sexualis psychica ergänzen und als Theilerscheinungen, sowie etwa die Masturbation die Krankheitstypen dieser Art compliciren.

Sämmtliche diätetische und sonstige Massnahmen, welche wir bei der Therapie der Masturbation hervorgehoben haben, müssen bei der Behandlung dieser Anomalieen ebenfalls herbeigezogen werden. Die dort erwähnten Mittel ergänzen wir nun noch durch zwei Heilverfahren, nämlich durch die Anwendung des galvanischen Stromes und der Kühlsonde, ohne weiter auf die Indicationen derselben einzugehen.

Der galvanische Strom wird in zweierlei Form angewendet: Stabil, indem die Kathode am Perineum, die Anode in der Gegend des Ejaculationscentrums durch 2—3 Minuten in einer Stärke von 2—3 M.-A. applicirt werden, und labil, indem bei stabiler Kathode (Perineum oder Fussbad) die Anode längs der Hauptnervenstämme am Genitale langsam in eben solcher Dauer und Intensität streicht. Grosse Erfolge darf man sich aber von dieser Therapie nicht versprechen. Die directe Elektrotherapie durch Einführen katheterförmiger Instrumente üben wir nicht aus. Bei weitem intensiver und sicherer wirkt die Kühlsonde, auch Psychrophor oder Sonde à double courant.

Das Instrument ist nach dem Princip der Sonde mit doppeltem Laufe, wie alle derartigen Kühlapparate, her-

gestellt. Die Sonde à double courant wurde zuerst von
Hales zu Ende des vorigen Jahrhunderts beschrieben und
von Cloquet*) zuerst zur permanenten Blasenbespülung
angewendet.

Von derartigen Instrumenten ist unser heutiger Psychrophor dadurch unterschieden, dass er am Schnabelende geschlossen ist. Er kann die gewöhnliche Form der Metallkatheter besitzen (Désault), oder S-förmig sein (Le Petit),
oder die Krümmung der Zinnsonde von Benniqué haben.
Die Dicke des Instrumentes, welches nach der Millimeterscala Charrière fabrizirt wird, hängt von der Weite der
Urethra ab. Es ist selbstverständlich, dass das Instrument
vor dem Gebrauche sorgfältig sterilisirt werden muss (durch
Auskochen in Sodalösung), dann mit keimfreiem Olivenöl
eingeölt und lege artis nach den Lehren der Chirurgie eingeführt werden muss (man vergesse auch nie die präventive
Reinigung der äusseren urethralen Mündung!) So angewendet,
muss auch die Einführung vollkommen schmerzlos sein und
hat die Application des Apparats keinerlei Nachtheile. Soll
mit diesem an und für sich sehr werthvollen Instrumente ein
Erfolg erzielt werden, dann muss das Instrument genügend
tief eingeführt sein und hinreichend lange liegen bleiben.
Die Sonde muss also die Pars prostatica überschreiten, um
dem Colliculus seminalis aufzuliegen. Dabei liegt die Spitze
des Schnabels schon im Blasencavum, doch ist es nicht nöthig,
die Drehung um die Schamfuge ganz auszuführen. Die
Temperatur des durchlaufenden Wassers ist nach der individuellen Empfindlichkeit zwischen 8—16° schwankend.
Erst nachdem die Sonde eingeführt ist, wird sie armirt und
der Wasserlauf in Gang gesetzt. Bei einer Dicke von
Scala Charrière Nr. 6 läuft bei einem Drucke, der durch die
Erhöhung des oberen Gefässes um 1 m erreicht wird, in 15 Minuten ein Quantum von 1500 ccm Wasser durch, was für
unsere Zwecke genügt.

---

*) d'Etiolle, Journ. Gén. de M. 1829.

Die Kühlsonde ist ein gutes locales Tonicum und wird in allen Fällen abnorm erhöhter Erregbarkeit des Ejaculationsapparates mit Nutzen angewendet.

Weit weniger wirksam ist der correspondirende Mastdarmkühlapparat nach Artzberger, den man aber unter Umständen (abnorm empfindliche Urethra, Gonorrhoë, Strictur etc.) auch anwenden kann.

(Mit dieser Skizze ist die Behandlung einschlägiger Fälle in keiner Weise erschöpft. Die Beschreibung dieser entzieht sich jedoch den uns gesetzten Grenzen, und könnte auch nichts Neues bringen, was nicht in vollendetster Weise von v. Krafft-Ebing in seinem Werke „Nervosität"*) aufgenommen wäre. Das citirte Werk präcisirt unser Wissen und Können in der Therapie der Neurasthenie und ist der Markstein unseres diesbezüglichen Wissens am Beginn des 20. Jahrhunderts.)

---

*) Spec. Pathol. u. Ther. (Nothnagel), XII. Bd., II. Thl., Nervosität und neurasthenische Zustände von Prof. Dr. R. v. Krafft-Ebing.

3. Hypnotische und suggestive Behandlung.

Ist es an und für sich relativ selten, dass man Individuen findet, die in tiefe Hypnose zu versetzen und im gegebenen Falle der hypnotischen Therapie zugänglich wären, so ist dies um so mehr unter dem Contingente der pervers Sexualen und sexuell Anomalen überhaupt, und zwar aus dem Grunde, weil, wie bereits mehrfach hervorgehoben wurde, die überwiegende Mehrzahl der mit solchen Anomalieen Behafteten neurasthenische oder hysteroneurasthenische oder direct hysterische Individualitäten sind. Patienten dieser Art, sowohl Neurastheniker als die Hysterischen, sind schwer zu hypnotisiren. Wäre dies nicht der Fall, dann hätte die Therapie dieser beiden Gebiete weit bessere Erfolge aufzuweisen. Nach fast übereinstimmender Ansicht der Forscher liegt der Grund hierfür erstlich darin, dass es bei diesen Kranken schwer fällt, einen hinreichenden Grad concentrirter Aufmerksamkeit, welcher für das Gelingen der Hypnose nöthig ist, zu erreichen; zweitens aber, und vielleicht noch viel mehr, in den massenhaften bewussten und unbewussten Contrasuggestionen autochthoner Natur. Zu einer so einschneidenden Aenderung der Psyche und des Trieblebens, wie es die Umkehrung einer conträren in eine normale Sexualempfindung ist, wäre a priori der tiefste Grad der Hypnose, der Somnambulismus, erforderlich, also eine Stufe der Hypnose, auf welche man unter den gegebenen Umständen kaum jemals hoffen oder zählen **kann.** Wenn wir nun beim Feststehen dieser Thatsachen trotz der anscheinend ungünstigen Vorbedingungen zeitweise glückliche Erfolge zu verzeichnen haben, so müssen wir uns nach einer Erklärung derselben umsehen.

Zunächst muss hervorgehoben werden, dass es durchaus nicht in allen Fällen nöthig ist, eine bis zum somnambulen Stadium vordringende Hypnose zu erreichen, um einem pervers Sexualen sehr begehrenswerthe und gute Dienste zu leisten. Es liegen bei denselben zum Glück die Verhältnisse nicht immer so trostlos, dass nicht irgend eine weniger widerstandsfähige Stelle in seinem pathologischen Triebleben sich vorfände, wo sich unsere therapeutischen Bemühungen einschleichen und allmälig Wurzeln fassen könnten. Bei dem Einen ist es vielleicht die Spur einer heterosexuellen Empfindung, die in der Jugend da war und infolge widriger Umstände scheinbar unterging; ein mittlerer Grad der Hypnose wird hier hinreichen, um diese halbverwischte Spur wieder aufzufrischen. In einem anderen Falle verhüllt vielleicht jahrelange oder jahrzehntealte Masturbation ein noch keimfähiges Saatkorn etc. In allen solchen Fällen stehen die Chancen der Suggestivbehandlung bereits erheblich besser. Es erhellt aus diesen Ueberlegungen jedoch wieder, wie unendlich wichtig die anamnestische Detailforschung ist. Sie bietet geradezu einen Ariadnefaden, an dem man sich rückläufig zur Wurzel des Uebels zurücktasten muss, wenn anders eine suggestive Behandlung Hoffnung auf Erfolg haben soll.

Einen zweiten Angriffspunkt bietet die Neurasthenie und die aus ihr hervorgegangenen conträren Autosuggestionen. Aus diesem Grunde ist es besser, die Suggestivbehandlung solcher Patienten nicht sofort zu beginnen, sondern sich zu allererst mit allen zu Gebote stehenden Mitteln gegen diese zu wenden und die hypnotische Behandlung erst zu beginnen, wenn in die neurasthenische Festung genügende Breschen geschlagen sind. Die alten neurasthenischen Beschwerden sind bei Unterdrückung der Masturbation und entsprechender Anwendung aller diätetischen und sonstigen therapeutischen Massnahmen insbesondere zu Anfang der Behandlung ein sehr dankbares Gebiet. Mit Unterdrückung der psychischen und physischen Onanie schwäche sich die uns entgegen arbeitenden Autosuggestionen ab. Mit dem Einleiten einer rationellen Lebensweise und Tageseintheilung, und nicht zuletzt mit der hydriatischen und medicinellen Bekämpfung der Hauptbeschwerden des Neurasthenikers, mit der Besserung des Schlafes etc., schaffen wir unserem Patienten einen lange nicht genossenen Grad somatischer und psychischer Euphorie. Dazu kommt die während der ganzen Dauer der vorbereitenden Behandlung unermüdlich und ohne Unterlass mit dem Kranken durchstudirte Anamnese und Historia morbi. Wir arbeiten mit aller Energie darauf hin, den Patienten aus seiner neurasthenischen Lethargie zu wecken, und erreichen schliesslich den Moment, welcher für den Beginn der Psychotherapie, der Suggestivbeeinflussung erfolgversprechend und günstig erscheint. Denn aus der Euphorie, welche die gebesserten neurasthenischen Beschwerden bedingen, aus der gewissen Emotion, welche das sorgfältige, eingehende Aufrollen der bis dahin vielleicht ängstlich als Geheimniss gehüteten Vita sexualis, nicht zum mindesten aus dem mittlerweile zum Arzte und dem neuen Heilverfahren, welchem der Kranke erwartungsvoll entgegensieht, gefassten sympathischen Vertrauen — aus alledem resultirt, was wir erreichen wollen, ein gewisser psychischer Ausnahmszustand, gleichsam protrahirter Affect, und das ist der erstrebte richtige Moment; in jedem Affecte haften Suggestionen weit besser, und wir haben uns einen solchen geschaffen, um in den so präparirten Boden die erste Saat der Suggestivbefehle zu versenken.

Die Stufen der Hypnose werden verschieden bezeichnet. Um dieselben zu kennzeichnen, bedienen wir uns des von

Bernheim eingeführten Ausdruckes „Engourdissement“. Bei einem Vergleiche z. B. mit Liébault's Scala entspräche seiner ersten und zweiten Stufe „leichtes Engourdissement“, der dritten Stufe Liébault's „mittleres Engourdissement“, der vierten „tieferes Engourdissement“, der fünften und sechsten Katalepsie und Somnambulismus. Bereits der erste Grad kann therapeutischen Bestrebungen dienen. jedoch, je tiefer man vordringen kann, desto besser; allein über „tiefes“. im besten Falle „tiefstes“ Engourdissement wird man bei Patienten unserer Kategorie selten hinauskommen. Zum Glücke erweist sich dies meist auch als hinreichend, und man muss sich dem Somnambulismus gar nicht zu nähern versuchen.

Der Zeitpunkt, wann es am zweckmässigsten erscheint, die Suggestivsitzungen vorzunehmen, ist bei verschiedenen Individuen verschieden und muss derselbe erst empirisch erprobt werden. Verschiedene Menschen sind in einzelnen Tageszeiten in verschiedenem Grade für diese Art der Therapie zugänglich und für Suggestionen empfänglich. Namentlich zu Beginn der Behandlung erweist es sich zuweilen als sehr zweckmässig, die einzelnen Sitzungen unmittelbar an physiologische Ermüdungszustände anzuschliessen, also einen Zeitpunkt zu benützen, in welchem ein ausgesprochenes körperliches Ruhebedürfniss und zugleich Verlangen nach Schlaf vorhanden ist. Solche Zeitpunkte wären bei Einzelnen unmittelbar nach dem Mittagessen, bei Anderen nach einem Bade zum Beispiel, bei der Mehrzahl Abends unmittelbar vor dem Schlafen, wenn sich der Betreffende bereits im Bette befindet. Dieser Zeitpunkt verdient unter den anderen den Vorzug, weil man in zweckmässiger Weise an die sonstigen Suggestivaufträge den physiologischen Schlaf anschliessen und ihn sowohl als allfällige Träume betreffende Beeinflussungen suggestiv ausüben kann. Aber auch dort, wo die Sitzung tagsüber vorgenommen wird, soll man nach ertheilten Suggestionen einen kürzeren oder längeren Schlaf auftragen, etwa 1—2 Stunden.

Was die Technik der Hypnose betrifft, so muss dieselbe wie jede andere gelernt und geübt sein; es ist immer zweckmässig, die Hypnose in bequemster Ruhelage des Patienten einzuleiten. Wir benützen die blosse Methode der Fixation von Auge zu Auge. Nach Eintritt leichter Ermüdungssymptome kann man in zweckmässiger Weise Streichungen ausführen. Von allen anderen haben wir in Wetterstrand's Methode in einzelnen Fällen die beste Nachhilfe gehabt. Nicht nur die körperliche Lage des Patienten muss eine ruhige, bequeme sein, er muss auch darüber beruhigt und sicher sein, dass er durch keine Geräusche, am wenigsten Besuche, gestört werde, dass Niemand den Inhalt der Suggestionsformel höre etc. Diese selbst, die Suggestionen, der Zweck und Kernpunkt der Behandlung, dürfen erst dann ertheilt werden, wenn man sich davon überzeugt hat, dass die Hypnose tief genug sei, um einen Eindruck, ein Haften der Suggestionen mit Berechtigung erwarten zu können. In dieser Beziehung muss man sich vor Uebereilungen in Acht nehmen. Es ist besser, nicht nur eine, sondern unter Umständen eine Reihe von Sitzungen vorübergehen zu lassen, ohne Ertheilung von Suggestionen, wenigstens von solchen, welche den curativen Absichten, der sexuellen Perversität, dienen, als dass dies vor der Zeit geschehe. Der Inhalt der suggestiven Aufträge ist natürlich in jedem Falle verschieden und richtet sich nach der jeweiligen Anomalie, um welche es sich in dem speciellen Falle handelt. Wo Masturbation auch hypnotisch bekämpft werden muss, werden diesbetreffende Aufträge in die erste Reihe gestellt, dann erst geht man zu der speciellen Perversität über. Darauf folgen die Nebensuggestionen, je nachdem solche erforderlich sind: Schlaf, Alkohol etc. Den Beschluss bildet der Auftrag, welcher sich auf den an die Hypnose anzuschliessenden physiologischen Schlaf bezieht, und endlich der die Sitzung beendende Suggestivauftrag der Euphorie nach der Hypnose. Auf denselben darf man nie vergessen, weil man sonst störende Neben-

wirkungen unangenehm erfahren kann. In allen Fällen ist
es gut, sich stets bei ein und demselben Individuum der
gleichlautenden Suggestivformeln zu bedienen und dieselben
nur inhaltlich umzuändern, wenn im Laufe der Behandlungsdauer Neues hinzutritt oder Einzelnes entfällt. Der Tenor
sei ein ruhiger, ernster. Dazu gehört aber auch, dass einem
der Wortlaut geläufig sei, denn das Suchen nach Ausdrücken
stört sowohl den Arzt als den Patienten. Deshalb ist es
gut, die Suggestivformel vorher zu concipiren und zu memo-
riren, solange sie nicht beherrscht wird, oder wenigstens die
Schlagworte sich vorher zu notiren und dann in entsprechender
Weise abzulesen.

Seit B e r n h e i m der Hypnose die Definition „eines
besonderen psychischen Zustandes" gegeben hat, „in dem die
Suggerirbarkeit gesteigert ist" *), müssen wir auch die Wachsuggestion, also die Suggestion ohne Schlaf, als einen therapeutischen Factor berücksichtigen. Rücksichtlich der Erfolge,
welche man sich mit diesem Verfahren versprechen kann, ist
es natürlich, dass dieselben dem Resultate der Suggestionen
in der Hypnose nachstehen. Allein auch hier kann man
zweifellos gute Ergebnisse erzielen, vorausgesetzt, dass die
Vorbedingungen, welche zum Haften von Suggestionen überhaupt erforderlich sind, auch hier gegeben werden. Dies ist
der in bereits besprochener Weise präparirte Ausnahmszustand in psychischer Beziehung. Allein es gehören hiezu
auch gewisse Apparentien, so vornehmlich der äussere Modus
procedendi bei der Vornahme der Sitzung für eine Wachsuggestion. Dieser wird am zweckmässigsten der wirklichen
Hypnose entlehnt und, wie dort, in genauer Weise durch-
geführt. Zuweilen kann sich dabei im Laufe vielfach aus-
geführter Versuche doch noch ein Engourdissement einstellen,
welcher Umstand dann allerdings fast immer die gehabte
Mühe reichlich entlohnt.

---

*) B e r n h e i m. 1896, p. 17.

Beim Versuche, eine Hypnose ohne jegliche diesbezüg-
liche Vorbereitung „en passant" etwa in der Ordinations-
stunde und Aehnlichem auszuführen, würde man ebenso
scheitern, wie wenn man eine Wachsuggestivsitzung so vornehmen wollte.

Zu allen diesen Dingen, welchen unmessbare und un-
controllirbare psychologische Probleme und Vorgänge zu Grunde
liegen, gehören auch eine Reihe solcher Imponderabilien in
der Ausführung, sowohl die Aeusserlichkeiten der Sitzungen
selbst, als die Persönlichkeiten des Subjects und Objects betreffend. Wie alle derartigen Heilverfahren, ist auch die Hypnose im Beginne als unfehlbare Panacee gerühmt, später
in Misscredit gerathen. Auch hier liegt die Wahrheit
in der Mitte und gilt der Grundsatz „Probiren geht über
Studiren".

Wie bereits hervorgehoben, ist es bei der Behandlung
sexualer Anomalieen nicht nothwendig, bis zu den tiefsten
Stufen des hypnotischen Schlafes, also bis zum Somnambulismus,
vorzudringen. Für unsere therapeutischen Bestrebungen sind
die vorausgehenden Stufen, welche wir mit dem Sammelnamen
„Engourdissement" bezeichnen, ausreichend. Um sich davon
zu überzeugen, dass der betreffende Patient sich in einem
genügend tiefen Engourdissement befindet, kann man die
Wirksamkeit anderer Suggestionen leicht prüfen und aus
dem Ergebnisse Schlüsse auf das Festhaften der curativen
Suggestionen mit Berechtigung ableiten. So wird z. B. schon
in leichtem Engourdissement meistens, immer aber schon in
mitteltiefem, die Suggestion bezüglich des Erwachens aus der
Hypnose festhaften und mit einer Genauigkeit von Secunden
befolgt werden. Schon aus diesem Umstande ersieht man,
dass die Psyche aufnahmsfähig ist, oder um den in Misscredit gerathenen Ausdruck zu gebrauchen, „der Rapport"
zwischen dem Beeinflussenden und dem Beeinflussten hergestellt ist.

Progressiv steigt mit der Tiefe der Hypnose die Schwierigkeit der Aufträge, welche haften bleiben. Relativ leichter als andere curative Suggestionen lässt sich der Darm beherrschen und Diarrhöen sistiren oder Entleerungen erzielen *). Natürlich kann dies und Aehnliches nur dort der Fall sein, wo für die bestehende pathologische Erscheinung keine anatomische Grundursache, wie z. B. in den Veränderungen der Darmfunctionen nicht ein Katarrh oder eine Atonie, vorliegt. Denn die Grenze jeder hypnotischen Beeinflussung ist absolut dort gegeben, wo die rein nervöse Wirkung auf die Organe aufhört und pathologisch-anatomische Veränderungen beginnen. Aber gerade bei dem Studium der Suggestivwirkungen lernt man kennen, in welchem Masse die vegetativen Organe von dem Centralapparate in Abhängigkeit sind, und wie oft eine schon als sicher angesehene anatomische Erkrankung unter Suggestiveinflüssen sich in die primären, nervösen Elemente, aus denen sie hervorging, auflösen lässt.

Die Suggestion, sowohl die Autosuggestion als die Fremdsuggestion, spielt in der Pathogenese sexueller Anomalieen eine grosse Rolle. Das gilt nicht nur von den erworbenen, sondern auch von jenen Fällen, bei welchen eine ererbte Disposition zweifellos vorliegt. Die aus therapeutischen Rücksichten ertheilten Contrasuggestionen stellen somit a priori, d. h. theoretisch betrachtet, das rationellste und einfachste Gegenmittel dar. Dass dieses nur in einem Theile derartiger Fälle und nicht in allen sich als wirksam erweist, ist leicht erklärlich. Erstens ist die Hypnose aus verschiedenen Gründen nicht immer anwendbar. Einmal haben wir es mit Individuen zu thun, welche in skeptischer Weise durch Contrasuggestionen einer solchen nicht zugänglich gemacht werden können, ein

---

*) Ein Fall von weiblicher Sexualperversität verdient hier erwähnt zu werden, in welchem durch Wachsuggestionen (vorgenommen in regelmässigen Zeitabständen von Hofrath v. Krafft-Ebing) die absolut medicamentös resistente Constipation wich und täglich copiöse, pünktliche Stühle eintraten.

anderes Mal mit schweren neurasthenischen oder hysterischen Dispositionen, an welchen wir scheitern u. s. w. Ferner steht es trotz der nach Möglichkeit präparirten psychischen Impressionabilität kaum je in unserer Macht, die entsprechenden Suggestionen mit so autoritativem Nachdrucke einzupflanzen, wie die entgegenwirkenden Autosuggestionen wurzeln. Wir dürfen, um uns klar zu machen, wie fest solche haften, nicht vergessen, dass sie seiner Zeit unter den denkbar günstigsten Umständen aufgenommen und durch Jahre und Jahrzehnte hindurch immer erneuert wurden. Wenn z. B. gerade zur Zeit der Pubertätsentwickelung, unter mächtig aufschiessendem Orgasmus sadistische oder masochistische Eindrücke aufgenommen wurden, so haben wir eine Dauersuggestion vor uns, welche nicht nur zur empfänglichsten Zeit, sondern noch dazu unter dem Hochdrucke des denkbar intensivsten Affectes, der beginnenden und eben erwachten, auf normale Weise nicht befriedigten Libido, eingeimpft, dann auf dem Wege der psychischen und effectiven Onanie jahrzehntelange cultivirt wurde und sich schliesslich in so inniger Weise mit dem übrigen Empfindungsleben amalgamirt hat, dass es schwer wird, zu entscheiden, ob die Psyche hier eine Anomalie oder pathologische Disposition mit auf die Welt gebracht hat, oder ob eine solche in das Geistesleben des Betreffenden post partum hineingetragen wurde.

Die suggestive Therapie ist ein Heilverfahren, welches zu gedeihlichen Erfolgen eine Reihe von Nebenumständen erfordert, die als unterstützende Momente manchmal in zweite Linie treten, manchmal aber zu Hauptsachen werden. Ohne auf die Ursachen dieser Erscheinung des Näheren eingehen zu wollen, begnügen wir uns damit, die bekannte Thatsache zu erwähnen, dass die Erfolge derartiger Behandlungsmethoden an verschiedenen Orten verschieden sind. Wer hier zu Lande Versuche hypnotischer Therapie unternommen hat, wird seine meist negativen Resultate mit um so grösserem Erstaunen, z. B. mit Liébault's von Dumont veröffentlichten Erfolgen, vergleichen. Die Genannten fanden unter 1011 Hypnosen unterzogenen Individuen 27 Refractäre. Es wären also von 100 Menschen blos 3 etwa nicht zu hypnotisiren gewesen. Unsere Erfahrungen stehen dieser Berechnung in krassem Widerspruche entgegen. Die Untersuchung dieser Differenz ist hier nicht am Platze. Wie immer man dieselbe auffassen möge, muss man aber sagen, dass die genannten Forscher, da man doch an der Identität des Menschenmaterials nicht gut zweifeln kann, unter günstigeren Verhältnissen arbeiten müssen. Von allen den auxiliären Momenten ist hier blos das eine hervorzuheben, nämlich die Lostrennung des Betreffenden von seiner gewohnten Umgebung und die Vornahme solcher Behandlungen in dazu geeigneten Anstalten. Die gegen sexuelle Anomalieen gerichteten Curen lassen sich mit specieller Rücksicht auf die hypnotische Behandlung in ambulanter Weise absolut nicht, in Privatpflege nur selten, und ganz zweckmässig nur in Anstalten durchführen. Der in dieser Beziehung gegen solche Anstalten sehr leicht zu erhebende Vorwurf, dass hier conträr oder pervers Empfindende zu leicht entsprechende Anregung finden könnten, wäre nur dann zu berücksichtigen, wenn dort diesen Verhältnissen nicht Rechnung getragen würde; und das ist wohl ein Moment, welches mit dem Begriffe einer wohlgeleiteten Anstalt überhaupt unvereinbar ist. Die entsprechenden Massnahmen sind zu sehr principieller Natur, als dass sie hier näher müssten auseinandergesetzt werden.

Auch in denjenigen Fällen, wo der Versuch einer hypnotischen oder suggestiven Behandlung gescheitert ist, kann unter entsprechender Anstaltsbehandlung ein immerhin bemerkenswerther Erfolg erreicht werden, und zwar, wenn wir von dem Nutzen der Besserung der Neurasthenie für das allgemeine Befinden auch ganz absehen, ein directer Erfolg für die sexuelle Anomalie. Das kann mit Hilfe aller anderen physikalischen und hygienischen Momente das Traitement moral zu Wege bringen. Was unter diesem Begriffe verstanden werden soll, ist gewissermassen ein erziehlicher Einfluss, den man nicht nur auf jugendliche, sondern auch auf erwachsene Personen dieser Kategorie ausüben kann. Unter einer ziel- und zweckbewussten Führung können die halb in Vergessenheit gerathenen Eigenschaften des Charakters und Gemüthes wieder gefestigt werden, so weit, dass diese Qualitäten im Kampfe gegen den elementaren Trieb wenigstens so viel Uebergewicht erlangen, dass die Gefahr eines Conflictes mit der Aussenwelt weniger imminent wird. Ob man auf dem Wege der psychagogischen, moralischen Beeinflussung mehr oder weniger erreicht, das hängt, vorausgesetzt, dass in dem speciellen Falle überhaupt noch ein solcher Charakterrest vorhanden ist, der einen Ausgangspunkt bieten könnte, zum wesentlichen Theile von dem glücklichen Einflusse und gegenseitigen Verhältnisse zwischen dem Arzt und seinem Kranken ab. Zu allen diesen Dingen gehört ein so intensiver Verkehr und dauernde Einwirkung, dass ein Erfolg nur in Anstalten erwartet werden kann. Diese bilden für viele so Veranlagte ein Refugium, wohin sie sich flüchten und von wo sie, wenn auch nicht geheilt, so doch so weit physisch und psychisch gekräftigt wieder ins Leben zurückkehren können, wie etwa ein Diabetiker, der jahre- und jahrzehntelang jährlich durch mehrere Wochen eine heilkräftige Quelle aufsucht, die, gleich der Hypnose, nicht allein, sondern erst in Verbindung mit anderen Nebenmomenten, wie Ruhe, Behagen, Diät, Medicamente u. s. w., dem Betreffenden wieder für lange Zeit ein erträgliches Dasein gewährleistet. Ein solcher Zufluchtsort bietet auch in unserem Falle, für lange nachwirkend, dem anormal Veranlagten oder Beschaffenen einen physischen und moralischen Halt.

Wenn durch sorgfältige Auswahl und das Aufgebot aller uns zu Gebote stehenden Mittel ein Erfolg erreicht wurde und es gelungen ist, einen sexuell Anormalen wieder ins richtige Geleise zu bringen, so ist in den meisten Fällen die Aufgabe noch nicht gelöst. Entsprechend der Fortdauer

allfälliger occasioneller Ursachen dauert auch die Gefahr der
Recidive an. Nur zweier hauptsächlicher Urheber eines Rückfalls wollen wir hier gedenken: des Alkohols und der Masturbation. Aus den bereits in genügender Weise dargestellten
Ursachen wurde den Patienten während der Behandlungsdauer der Alkohol entzogen.

Hier nun folgt der letzte, aber nicht geringste Grund,
die Voraussicht für die Zukunft, die prophylaktische oder
präventive Sorge, einer Recidive vorzubeugen. Mit der Rückkehr zum Alkoholgenuss überhaupt entfällt die Garantie der
Mässigung. Einer kaum erreichten zarten Narbe darf man
kein Trauma zumuthen und einem kaum gefestigten und
genesenen Sexualtriebe nicht den Alkohol als erogenen Stimulus
gewähren. Die noch für lange Zeit, unter Umständen für
immer, erforderliche Abstinenz von Alkohol in jeder Form
ist eine durch Erfahrung gebotene Vorsichtsmassregel, welche
in keinem Falle von geheilter Sexualanomalie verabsäumt
werden soll.

Es bieten geradezu diejenigen Fälle, wo es auf dem
Wege der Hypnose gelingt, eine Aversion gegen alle alkoholischen Getränke einzuflössen, die besten Chancen für dauernde
Genesung. Wo immer möglich, soll eine solche Abneigung
gleichsam als Sicherheitsventil dem als genesen aus der Behandlung Entlassenen mit auf den Weg gegeben werden.
Zum Glück fällt die dauernde Abstinenz von Alkoholicis,
wenn sie mehrere Monate etwa geübt wurde, den Meisten
nicht schwer. Absolut zu verwerfen ist es, dort, wo Alkoholabusus so verhängnissvoll werden kann, kleine Quantitäten
zu gestatten, wie man dies oft sieht. Das ist eine halbe
Massregel, die ebenso schlecht, vielleicht noch schlechter ist,
als keine. Schlechter deshalb, weil sie eine ganz trügerische
und unverlässliche Beruhigung ist, einen Schutz vortäuscht,
ohne es zu sein. Bei dieser Vorschrift ist fast mit Sicherheit auf den entgegengesetzten Effect zu rechnen!

Was die zweite gedachte Ursache allfällig zu befürchtenden Rückfalls betrifft, die Masturbation, so ist der Schutz gegen dieselbe bedeutend schwieriger und lange nicht so einfach, wie gegen den Alkohol. Hier müssen wir alle diätetischen und hygienischen Verhältnisse herbeiziehen, Sorge für anhaltende und intensive psychische Ablenkung tragen und sorgsam erwägen, ob die Charaktereigenschaften des Einzelnen soweit restituirt sind, um allen Verlockungen Stand zu halten. Psychische Aversion auf hypnotischem Wege können wir in günstigen Fällen erzielen. Doch besteht dieselbe eine viel schwerere Belastungsprobe als z. B. jene gegen Alkohol, weil die Intensität der Neigung zu diesem — von habituellem Alkoholismus abgesehen — dem Elementartriebe der Libido gegenüber bedeutend geringer ist und die occasionellen Ursachen häufiger sind; um es ein wenig banal, aber drastisch auszudrücken, als ob man dem unfreiwilligen Abstinenzler ein Gefäss mit Alkoholgetränk geben und ihn immer bei sich es zu tragen hiesse!

Die wichtigste und werthvollste prophylaktische Massregel, welche wir gegenüber der drohenden Möglichkeit einer Recidive der Masturbation speciell und der ganzen Anomalia sexualis überhaupt besitzen, ist die dem speciellen Falle sorgfältig angepasste Regulirung des Geschlechtstriebes durch periodische Befriedigung desselben in normaler Art und Weise. Damit sind wir zwar an dem wichtigsten, leider auch schwierigsten Punkte der Verhaltungsmassregeln für den kaum Genesenen angekommen.

Den einzigen, allen Anforderungen der Moral und Hygiene vollkommen entsprechenden Ausweg würde die Ehe mit einem sympathischen Individuum darstellen, bei welchem es auch am leichtesten wäre, ein individuelles Regulativ bezüglich der Häufigkeit des Verkehrs aufzustellen. Wo die Constellation aller Umstände eine so glückliche ist, dass dieses beste Auskunftsmittel zu Gebote steht, dort werden wir naturgemäss gerne nach demselben greifen. Leider wird dies nur allzu selten der Fall sein. Es wäre nicht am Platze und zu weitführend, wollten wir aller jener Momente Erwähnung thun, welche als äussere Umstände nicht gestatten, dass der Betreffende eine Ehe eingehe. Wann aber kommen wir in die Lage, selbst wenn alle Umstände sich so glücklich gestalten, dass der Genesene eine Ehe schliessen könnte, trotzdem von diesem physiologischen Regulativ der Vita sexualis abzusehen? Diese Frage knüpft an die in der Einleitung bei der Erörterung der Prophylaxe sexualer Anomalieen besprochenen Möglichkeiten an und deckt sich im ganzen mit der Frage, wann das Veto eines gewissenhaften Arztes gegen eine zu schliessende Ehe, wenn sein Rath überhaupt eingeholt wird, am Platze ist und geboten erscheint. Dies ist in zwei Fällen: erstens natürlich, wenn durch das eheliche Zusammenleben eine Gefahr, für den einen vom anderen Theil ausgehend, erwächst, und zweitens, wenn wichtige Momente es als wenig wünschenswerth erscheinen lassen, dass eine Nachkommenschaft entstehe, wenn also nach den bestehenden Anzeichen die Wahrscheinlichkeit vorliegt, dass eventuelle, dieser Ehe entstammende Kinder körperlich oder geistig als sieche oder den Keim des Siechthums bergende Geschöpfe zur Welt kämen.

Der erstere Fall, eine aus dem ehelichen Verhältnisse dem anderen Theile erwachsende Gefährdung, käme in unserem speciellen Gebiete wohl nur im übertragenen Sinne in Betracht. Etwa wenn es sich um eine Perversität des Triebes handeln würde, welche, nicht ganz unterdrückt, noch oder wieder in der Ehe zum Ausdrucke käme, und wenn keine andere, doch eine moralische Anomalie der Consors mittheilen könnte (sadistische Handlungen etc.). Zum Glück sehen wir aber hier in den meisten Fällen das Phänomen eintreten, dass sich solche Perversitäten des Triebes nahestehenden Personen gegenüber in ganz auffallender Weise abschwächen und dadurch möglicherweise sogar durch die Ehe verschwinden können.

Viel wichtiger ist die Beurtheilung des Ehehinder-

nisses, welches aus der Rücksicht auf die mögliche Fort-
pflanzung von Defecten resultirt. Hier muss man den
Thatsachen alltäglicher Erfahrung Rechnung tragen und
bei der Beurtheilung der Heirathsfähigkeit Belasteter,
mehr aber noch ausgesprochen Degenerativer, selbst unter
der Indication einer geheilten Sexuell - Ehe aus therapeutischen Gründen bei Anomalen sich grosse Vorsicht auf-
erlegen.

Für jene Fälle, wo eine Ehe durch äussere Hindernisse
unmöglich oder durch Bedenken medicinischer, ärztlicher Art
contraindicirt ist, können wir jedoch auf die dringende Indication der Regulirung der Vita sexualis nicht verzichten.
Es ist ebenso unrichtig, die diesbetreffenden Massnahmen
prüde zu ignoriren, als naturgemäss unmöglich, die Initiative
zu ergreifen. Es erübrigt nichts, als dem Patienten die Vor-
und Nachtheile des ausserehelichen Geschlechtsverkehrs objectiv auseinanderzusetzen und ihn mit den im speciellen
Falle zutreffenden Chancen pro und contra vertraut zu machen.
Als Regulativ muss sowohl aus moralischen als hygienischen
Gründen immer die Monogamie bevorzugt werden, und ist,
wo ein freiwilliges Cölibat mit Rücksicht auf die aus der
unbefriedigten Libido erwachsenden Gefahren nicht angezeigt
erscheint, jeder aus moralischen und Charaktergründen hervor-
gehenden Reserve immer das Wort zu reden. Es ist vielleicht nicht ohne Nutzen, hier hervorzuheben, dass die sexuelle
Abstinenz normal Veranlagter noch niemals geschadet hat,
und dass sowohl das temporäre, voreheliche Cölibat als das
dauernde für sexuell normale Männer keine Nachtheile in-
volvirt; die Normalität in sexueller Beziehung resultirt aus
den beiden Factoren der Anlage und Erziehung. Wenn der
eine oder andere dieser Factoren schwankend wird, so ist
darin allerdings noch keine Anomalie zu erblicken; es kann
aber bei vollkommen regulärer Constitution Schulung und
Selbstdisciplin die sexuelle Begehrlichkeit in Schranken erhalten. Denn von Natur aus ist für eine physiologische

Depletion der überlasteten Organe durch zeitweise, periodische Pollutionen vorgesorgt und eine bis zu dem Erfolgen
einer solchen beobachtete keusche Lebensweise kann das
Cölibat, die Abstinenz, einem sonst normalen Individuum zu
keinerlei Gefahr gestalten.

II.

Specieller Theil.

———

1. Casuistik.

***

a) Fälle von sexueller Perversität im Sinne des Sadismus.

Beobachtung 1. Sadismus mit heterosexueller Geschlechts-empfindung. Handfetischismus. Hypnose. Heilung.

A. R., 35 Jahre alt, Privater.

Der Grossvater väterlicherseits war angeblich paralytisch, die Mutter des Patienten, welche oft an Migräne gelitten haben soll, starb an einer Pneumonie, drei Geschwister leben und sind gesund, eine Schwester des Patienten ist von Geburt an Idiotin. Patient selbst machte verschiedene schwerere Erkrankungen durch, Lungen-entzündung, Typhus etc. Sein Erziehungsgang führte durch das Gymnasium, welches er mit gutem Erfolge absolvirte. Das nach-folgende Studium der Medicin, welches er selbst gewählt hatte, vertauschte er bald mit Jurisprudenz; auch diese gefiel ihm jedoch nicht, und er beschäftigte sich Jahre hindurch nur mit Malerei und Musik sowie mit literarischen Versuchen. Er absolvirte seine militärische Dienstpflicht und macht seine Zukunft in der Haupt-sache von dem Gelingen der Regelung seiner Vita sexualis abhängig.

Seit er zurückdenkt, spielt die Geschlechtssphäre eine grosse und bestimmende Rolle in seinem Leben. Schon als Schüler der Elementarklassen begann er aus eigenem Antriebe zu onaniren. Welchen Inhaltes damals, im ersten Anfange, seine Vorstellungen waren, weiss er nicht. Er erinnert sich jedoch bestimmt, dass schon in der ersten Klasse es für ihn ein mächtig erregender Vorgang war, wenn ein Mitschüler sei es vom Lehrer einen Schlag bekam, sei es von einem stärkeren Jungen geprügelt wurde. Diese Vorgänge reproducirte er sich gerne und bildeten sie für ihn stets neuen Antrieb zur Masturbation. Seine Libido wurde im Knaben- und Jünglingsalter immer durch derartige Vorgänge erweckt und blieb dieselbe, als er beim Militär diente, wo jede Misshandlung von Rekruten ihn sofort in geschlechtliche Aufregung versetzte. Doch musste dieselbe von einem Dritten vorgenommen werden. Er selbst hatte niemals bei dem Gedanken an Misshandlung seiner untergebenen Soldaten Gefallen und liess sich auch nie zu Aehnlichem hinreissen. Als er in die Pubertätsjahre eintrat, war ihm noch von ganz gleichem Antriebe, ob ein Knabe, Mann, Mädchen oder Weib bei Prügelscenen activ oder passiv thätig waren. Mit Beginn des Mannesalters hatte er mehr Gefallen daran, sich Mädchen und Weiber überhaupt als den activen Theil vorzustellen. Dabei blieb es ihm gleich, ob er sah oder sich vorstellte, dass der gezüchtigte Theil männlichen oder weiblichen Geschlechtes sei. So ist es ihm gleich, ob ein Weib ein Weib schlage, oder einen Mann, oder Kinder. Nur müsse diese Handlung mit einer gewissen Gleichmüthigkeit von Seiten des activen Theiles vorgenommen werden, während es ihn desto mehr errege, je mehr der oder die Gezüchtigte darunter leide. Gegenwärtig erregt meist nur eine von einem weiblichen Wesen vorgenommene Züchtigung seine Libido. Während es früher besonders stark auf ihn wirkte, wenn er sich unter der Schlagenden ein den niederen Ständen angehöriges Individuum mit groben schwieligen Händen vorstellte, sei ihm jetzt eine elegante Dame mit weissen, weichen Händen der liebste Inhalt seiner onanistischen Vorstellungen. Besonders seien ihm jetzt Jüdinnen in dieser Beziehung sympathisch, weil er sich dieselben grausamer und rücksichtsloser vorstelle. Denn nur eine mit einer gewissen Grausamkeit oder Ueberlegung vorgenommene Züchtigung sei ihm Anstoss zur Libido. Sobald dieselbe im Affecte verübt wird, reize sie ihn nicht. Je schöner und sympathischer und je ruhiger er sich das Weib vorstelle, welches die Züchtigung vornimmt, desto mächtiger sei seine Libido und er fühle sich geschlechtlich nur zu solchen hingezogen, denen er derartige Handlungen supponirt oder zumuthen könne. Besonders richtet sich hiebei seine Libido auf die Hand der Betreffenden. Während ihm früher eine schwielige rothe Hand am liebsten war, bevorzuge er jetzt eine weisse wohlgepflegte, wie ihm jetzt überhaupt kein Weib ohne schöne Hände gefalle. Worin die Züchtigung bestehe, sei ihm gleich, auch welcher

Körpertheil geschlagen wird. Ebenso ist ihm das Instrument gleich-giltig, am liebsten jedoch betrachte er die Hand, insoferne sie ihm gefalle. Der Grad der verabfolgten Schläge, ob dabei Blut fliesse, dem passiven Theile ein bleibender Nachtheil oder gar Tod erfolge, habe keinen Einfluss, sondern nur die Ruhe des züchtigenden Weibes und der ernste Vorsatz, zugleich mit Grausamkeit dem passiven Theile Schmerz zu verursachen.

Sich selbst in die Lage zu versetzen, von einem ihm gefallenden Weibe geschlagen oder sonst misshandelt zu werden, fiel ihm nie bei. Solchen Scenen gewänne er keinen Geschmack ab, ebenso-wenig, wenn er sich denke, dass er derartige Handlungen selbst an einem Weibe vornehmen sollte.

Die ganze Vita sexualis des Patienten bewegte sich seit Kind-heit in Masturbation mit gedachtem Inhalte. Er hat überhaupt nur einmal einen Coitus versucht; allein das Weib erwies gar kein Verständniss für seine Ideen, so misslang derselbe vollkommen. Aus Schüchternheit traute er sich nie mehr an eine andere. Im Mai des Jahres 1896 vertraute er sich zum erstenmal einem Arzte an. Bis dahin hatte er fast sein Leben lang alltäglich und öfter mehreremal im Tage masturbirt. Vom Mai 1896 bis September 1897 war er, wie er angibt, frei von Onanie. Damals hörte er zufällig beim Biertische, es sei eine Lehrerin im Orte, die die Kinder heftig schlage und misshandle. Sofort musste er masturbiren und seither ist er gegen den Ansturm seiner Triebe wieder machtlos. Er suchte mit Vorliebe Spielplätze auf, um Zeuge zu sein, wie ein Mädchen ein Kind schlage, wobei auch ein herrisches Benehmen seitens eines Weibes genügt, um ihm geschlechtliche Aufregung zu verursachen. Auch bei der Lektüre von Büchern oder Schriften ähnlichen Inhaltes, ja sogar bei der Niederschrift seiner eigenen Krankengeschichte empfindet Patient wollüstige Erregung.

Patient trug sich wiederholt mit dem Gedanken an Heirath, ohne einen Entschluss fassen zu können.

Im Mai 1896 consultirte er zum erstenmal wegen seines eigenthümlichen Geschlechtslebens einen Arzt, welchem es gelang, ihn bis zum September 1897, also 16 Monate, von der Masturbation freizuhalten. Am 1. September erfolgte infolge des oben geschil-derten Vorganges ein Rückfall, und seither (nach seinen Aufzeich-nungen) am 2., 7., 8., 19., 20. und 25. September. Von da bis heute (4. October) angeblich keine Onanie. Patient hatte nie Pollutionen.

Er schläft gut, sein Appetit ist sehr gut, Stuhl regelmässig, Kopf-
schmerzen hat er nie, nur am Tage nach einer onanistischen
Procedur Kopfdruck und allgemeine Müdigkeit und Abspannung.
Er ist heiteren Temperamentes und voller Zuversicht für seine Zu-
kunft. Er erhofft von suggestiver Therapie die Erlangung normalen
Gleichgewichtes in seiner Vita sexualis.

Von Alkohol, welchen er zwar nie übermässig genoss, der
aber in jeder Form erogen auf ihn wirkte, abstinirt er seit drei
Wochen vollkommen und beginnt auch seinen Nicotinbedarf (bisher 6 Cigarren und darüber) einzuschränken.

Status praesens. Patient kräftig, veg. Organe vollkommen gesund. Schädel mesocephal. Psychisches Verhalten normal.
Intelligenz dem Bildungsgrade entsprechend. Seine eigenhändigen
Aufzeichnungen logisch correct, zeigen jedoch einzelne Wieder-
holungen, sind ziemlich flüchtig. Patient führt Tagebuch, ist von
seiner krankhaften Vita sexualis sehr praeoccupirt. Setzt grosse
Hoffnungen in suggestiv-hypnotische Behandlung.

Sehr schwacher Rechner, Kopfrechnen sehr mühsam.

Therapie: Alkoholentziehung, Regelung der Lebensweise und
der Diät, milde Hydrotherapie und Hypnose.

Decursus morbi. Therapie: Vollkommene Alkoholentziehung.
Reichlich dosirte Bewegung. Wenig Fleisch. Traitement moral.
Milde hydriatische Proceduren (Abreibung, Halbbad). Nach 8tägi-
gem Aufenthalt erste Suggestivsitzung, welche von jetzt ab jeden
Tag regelmässig vorgenommen wird. Es zeigt sich, dass der Patient
am empfänglichsten ist Abends unmittelbar vor dem Schlafengehen.
Nach 8 Sitzungen ein mitteltiefes Engourdissement. In der 9. Sitzung
Ertheilung energischer Suggestionen, vorerst contra masturbationem.
Nach 3 weiteren Sitzungen wird dieselbe auch auf die sadistischen
Neigungen des Patienten ausgedehnt und Aufträge gegen die
neurasthenischen Beschwerden ertheilt. Im Verlauf der nächsten
14 Tage befindet sich der Patient sexuell vollkommen ruhig, hat
auch in seinen Träumen keine Mahnung an die früheren Perversitäten. 6 Wochen nach seinem Eintritt in die Anstalt starke Libido,
welche durch medicamentöse Behandlung (vide allgemeiner Theil)
niedergehalten wird. Genau 3 Monate nach Beginn der Behandlung erster Coitusversuch; derselbe gelingt, wie Patient berichtet,
mit Zugrundelegung leichter sadistischer Vorstellungen. Abstinenz

durch weitere 14 Tage. Fortsetzung der Suggestivbehandlung.
Nach Ablauf dieser Frist Coitus normalis ohne jeglichen Anklang
an Sadismus. Ein Jahr nachher schreibt Patient: „Ich habe alle
meine sadistischen Empfindungen vollkommen verloren, bin vollkommen potent und übe den Beischlaf regelmässig jede Woche aus.“

Beobachtung 2. Sadismus (inactiver). Conträre Sexualempfindung. Masturbation. Hypnose. Relative Heilung.

J. J., 27 Jahre alt (Officier).

Patient ist nicht belastet. Gross, schlank gewachsen, von
schönem männlichem Aussehen, gesunder Gesichtsfarbe, bei der Untersuchung erweisen sich sämmtliche Organe als vollkommen gesund.
Die Musculatur ist kräftig entwickelt, der Haar- und Bartwuchs vollkommen entsprechend. In der Familie des Patienten sind keinerlei
Krankheiten erblich, ein Onkel väterlicherseits starb an Gehirn-
blutung, seine Eltern leben, er selbst ist der 3. von 5 Geschwistern,
die sämmtlich vollkommen gesund sind. Zwei Schwestern und ein
Bruder sind verheirathet und haben vollkommen gesunde Kinder.

Mit 6 Jahren begann beim Patienten der Schulunterricht und
zwar in privater Weise, erst durch seine Eltern, später durch Lehrer
theils männlichen, theils weiblichen Geschlechtes, in welcher Art
die Erziehung bis zum Eintritte in die 3. Gymnasialklasse fortgesetzt wurde. Bis zu diesem Zeitpunkte war er nie mit Altersgenossen zusammen gekommen. In der Schule machte Patient gute
Fortschritte. Seine Eltern bestanden darauf, dass er den Soldatenstand, dem fast sämmtliche männliche Mitglieder seiner Familie
angehörten oder angehört hatten, ergreife. Bei seiner Vorliebe für
das Studium mathematischer Wissenschaften beschloss er denn
beides nach Thunlichkeit zu verbinden. Er diente ein Jahr als
Freiwilliger, unterbrach seine militärische Carrière mit Ablauf des
einen Jahres, studierte drei Jahre an der Technik, liess sich dann
activiren und trat zu einem Regimente der militär-mathematischen
Branche ein. Um seinen einzigen Wunsch, geschlechtlich normal
zu werden, in Erfüllung gehen zu sehen, nahm er Urlaub auf un-
bestimmte Zeit, consultirte hervorragende Fachmänner und entschloss sich auf derer Rath hin, sich der systematischen Behandlung zu unterziehen. Ueber seine bisherige Vita sexualis macht
er folgende Mittheilungen:

Die allerersten geschlechtlichen Regungen empfand ich, so erinnere ich mich ganz genau, als ich, ein Junge von ungefähr 13 Jahren, in die Schule gebracht wurde. Wenige Tage nach meinem Eintritte sah ich vor Beginn des Unterrichtes, dass zwei meiner Mitschüler mit einander rauften, die ich bis dahin nicht kannte. Ein grösserer mit einem kleineren und offenbar schwächeren. Der Ausgang des Handels konnte nicht zweifelhaft sein, denn es war offenbar, dass der kleinere unterliegen müsse. Dieser selbst konnte bei der augenscheinlichen Ueberlegenheit des Anderen über das zu gewärtigende Resultat nicht im Unklaren sein. Trotzdem hielt er sich ausserordentlich tapfer und machte seinem Gegner den Sieg nicht leicht. Als ich den kleinen blonden, krausköpfigen Burschen, welcher mir heute noch ausserordentlich deutlich vor Augen steht, längere Zeit betrachtete, fühlte ich eine ganz eigenthümliche Erregung mich beschleichen. Mein Glied wurde steif, wie ich es bisher noch niemals empfunden habe. Dem Kampfe beider Jungen machte der Schulbeginn ein Ende. Aber während des folgenden Unterrichtes musste ich unablässig an das gesehene Schauspiel denken und konnte nicht der Versuchung widerstehen, mich nach dem blonden Jungen, der weit hinter mir sass, umzudrehen, so dass ich öfter vom Lehrer gemahnt wurde. was mir sonst nie geschehen war. Mit eigenem Behagen fühlte ich von Zeit zu Zeit Erectionen eintreten; während ich mir das Schauspiel des gesehenen Kampfes und den kleineren von beiden Kämpfern immer wieder ausmalte, unterstützte ich mit der in die Hosentasche versenkten Hand die mir äusserst behaglichen Erectionen. Nach Schulschluss kam ich nach Hause; ich begab mich in mein Zimmer, um für Nachmittag zu repetiren. Die wollüstige Erinnerung verliess mich nicht; ich konnte nicht lernen, schloss dann die Augen und unter intensivem Gedenken des einen erwähnten Schulkameraden rieb ich so lange, immer die Hand in der Tasche, bis eine Ejaculation eintrat. Darauf setzte ich nun, wesentlich gesammelter, mein Pensum fort. Ich erinnere mich ganz genau, dass mir diese ganze Affaire ein vollständiges Novum war. Ich hatte bis dahin niemals ähnliche Empfindungen und erinnere mich an diesen kläglichen Beginn meiner Vita sexualis, als ob dies vor 8 Tagen gewesen wäre.

Ich erinnere mich an diese Zeit um so lebhafter, als sie für mich den Beginn meiner Leiden und Qualen darstellt. Ich weiss, dass ich kurz nach diesem ersten Sündenfalle mich bald der Erinnerung an das Vorgefallene wieder hingab. Bald stellte ich mir nicht nur den einmal wirklich gesehenen Vorfall in meiner Phantasie vor. Ich umgab denselben mit allerhand Ausschmückungen und substituirte dem damals im Kampfe unterlegenen Kameraden andere: Alsbald war es nicht mehr ein Zweikampf, wie ich ihn gesehen hatte. Wenn mir ein Altersgenosse sympathisch war, stellte ich mir vor, dass er geschlagen werde, gleichwie von wem, wie und wohin, und sofort trat unter lebhafter Erection eine Flucht von lüsternen Gedanken auf, der ich mich mit Wollust hingab. Die kleinen und schwächlichen, die von einem stärkeren unterworfen und geschlagen wurden, regten meine Phantasie und meine Geschlechtslust in mächtiger Weise an. In den höheren Klassen bemerkte ich, dass sich bei den Orgien, welche damals meine Phantasie feierte, alle meine Einbildungskraft jüngeren Knaben, als ich es war, zuwendete. Während ich selbst im Alter fortgeschritten war — ich erfreute mich, als ich Matura ablegte, bereits eines stattlichen Bartwuchses —, blieb meine abnorme Veranlagung gleichsam auf dem ursprünglichen Stande zurück. So blieb es auch später, und ist es eigentlich noch heute. Mich kann geschlechtlich nichts erregen, als wenn ich mir vorstelle, dass ein kleiner Junge von 8 bis 13 Jahren ungefähr von einem grösseren, stärkeren geprügelt wird. Zeigt er sich tapfer, wehrt sich, schlägt um sich — erhöht dies meine geschlechtliche Aufregung. Mir gelingt es nur selten, wenn solche Bilder auf mich einstürmen, dem Drange nach Selbstbefriedigung zu widerstehen. Ich war natürlich lange über das Wesen und die Bedeutung dieser ganzen Angelegenheit vollkommen im Unklaren. Ich dachte viel darüber nach und kam zu dem Schlusse, dass wahrscheinlich alle meine Altersgenossen solche Neigungen hätten. Das beruhigte mich. Wie aufgeregt und ergriffen war ich, als ich die Wahrheit erfuhr! Es war kurz vor unserer Maturitätsprüfung, als mir ein College — ich weiss noch heute seinen Namen, Ort und Stelle unseres Gespräches sind mir in lebendiger Erinnerung — geheimnissvoll und stolz die Eröffnung machte, er wäre bei einem Mädchen gewesen, und wie albern ich mir vorkam, als er meine naiven Fragen in der verächtlichsten Weise beantwortete und mir rundheraus erklärte, dass ich mich verstelle und dass es ganz unmöglich sei, von allen diesen Dingen nichts, aber gar nichts zu wissen, wie ich es vorgab. Meine häuslichen Studien galten von diesem Tage ab fast ausschliesslich dieser Angelegenheit. Aus dem Conversationslexikon, aus allen möglichen Büchern begann ich Aufklärung und Erkenntniss zu schöpfen. All dies hatte indessen nur den Erfolg, dass ich zwar mit Energie gegen die Neigung zur Masturbation ankämpfte. Zwar erreichte ich freie Zeiträume von 8 und mehr Tagen; dann unterlag ich, meistens Nachts, und nun begannen Gewissensbisse, Selbstvorwürfe und Anklagen ihr grausames Spiel. Ich mied alle Geselligkeit, verlor alle Lebenslust und zog mich mit den mich unaufhörlich beschäftigenden Gedanken immer mehr zurück. Dann kam die Matura, acht Wochen später der Antritt meines freiwilligen Jahres. Diese grossen Veränderungen rüttelten mich auf. Ich kam zu dem grossen Entschlusse, der Sache ein Ende zu machen, und erhoffte dies mit absoluter Sicherheit, wenn ich mir ein Herz fasse und mich zu einem Frauenzimmer begebe. Mir waren die Mysterien des weiblichen Körpers aus Bildern und Lektüre bekannt, und ebenso wusste ich, was ich dort sollte. Mehr als 8 Tage, das weiss ich genau, schlich ich Abends allen verdächtigen Weibern nach. Endlich fand ich mich bei einer leidlich hübschen Frauensperson. Ich war unendlich aufgeregt, konnte vor Herzklopfen kaum atmen. Sie entkleidete sich, forderte mich zum Gleichen auf, ich überwand meine unendliche Scham, that es — aber weiter kam ich nicht, und von einer unendlichen Niedergeschlagenheit ergriffen, schlich ich nach Hause. Diesen Abend war ich der unglücklichste Mensch, und lassen Sie es mich gleich hier sagen, solcher Abende kamen noch mehrere. Dieses Leben voller Zweifel, voller Schwanken zwischen dem schrankenlosesten Fröhnen meiner unseligen Veranlagung und geradezu verzweifelten Ausbrüchen von Energie und Selbstbekämpfung führe ich noch heute. Mir ist das Weib durchaus nicht zuwider; schöne Frauen und Mädchen habe ich gerne, sie gefallen mir, ich spreche gerne mit ihnen, mit anständigen unterhalte ich mich gut, weniger anständige interessiren mich ebenfalls, doch habe ich niemals auch nur die Spur einer wollüstigen Empfindung wahrgenommen. Auch Mädchen in der geschilderten Situation erregen mich nicht ...

(Die noch weiter folgenden autobiographischen Daten können wir entbehren.)

Stets waren und sind es nur Knaben in dem vom Patienten mehrfach erwähnten Alter, welche seine Libido anregten. Der

unterstützende Eindruck, welcher bei dem ersten ausführlich beschriebenen Schauspiele dadurch ausgeübt wurde, dass sich der
schwächere beider Jungen als tapfer, muthig erregt und sich
wehrend zeigte, hat im Laufe der Jahre für die Erregungsfähigkeit
des Patienten an Bedeutung verloren. Dieser Umstand blieb in
den Phantasievorstellungen des Patienten rudimentär und wird
später und gegenwärtig nur als unterstützendes Moment manches-
mal hervorgesucht. (Im Gegensatze zu anderen Fällen, wo, wie
wir öfters hervorgehoben, gerade auf derartige scheinbare Neben-
umstände das grösste Gewicht gelegt wird, und diese geradezu
fetischartig erotogen auf die Einbildungskraft einwirken). Erwachsene oder dem Alter von etwa 8—13 Jahren ferne stehende
männliche Individuen, ferner Bilder von Mädchen und Weibern,
überhaupt auch in ähnlichen Situationen gesehen oder durch Ein-
bildungsvermögen producirt, blieben immer vollkommen wirkungslos. Was die Misshandlungen als solche betrifft, hat es für Patienten
gleichen Eindruckswerth, auf welche Weise dieselben geschehen,
ob manuell oder mit Werkzeugen, ebenso hat seine Phantasie keine
Prädilectionsstelle. Nur den Grad wirklicher Körperbeschädigung,
Blutung z. B., dürfen dieselben nicht erreichen. Ein solches Ereigniss würde wie ein kaltes Sturzbad auf ihn wirken und seine
Libido sofort Regungen des Abscheues, Widerwillens Platz machen.
Ebensowenig wirkt die Vorstellung auf ihn ein, dass er selbst
derartige Züchtigungen oder Misshandlungen vornehmen könnte.
Bei diesen muss ein Dritter, und zwar ein jugendliches, männliches
Individuum als der thätige Theil fungiren, wenn anders dieselben
seine Libido erwecken sollen. An Pollutionen hat er nie gelitten.
Er erinnert sich kaum, je eine solche gehabt zu haben. Seit seinem
frühen Knabenalter fanden onanistische Acte oft täglich, manches-
mal über den Tag, nie öfter an einem Tage und selten mit maxi-
malen Pausen von 8 Tagen statt.

Au dem Patienten, welcher blühend aussieht, sind keinerlei
neurasthenische Symptome zu constatiren. Sein Schlaf ist ein
guter, ebenso der Appetit, der Stuhlgang regelmässig. Er hat nie
über Kopfschmerz oder Kopfdruck zu klagen. Die Untersuchung
des Sperma ergibt reichliche normale in lebhafter Bewegung befind-
liche Spermatozoen.

Die Behandlung wird in der Weise eingeleitet, dass dem
Patienten vollkommene Enthaltung von Masturbation zur Pflicht

gemacht und durch diätetische sowohl als medicamentöse Massnahmen die Libido überhaupt nach Möglichkeit herabgesetzt wird.
Nach kurzer Zeit wird auch mit der Suggestivbehandlung begonnen.
Nach verhältnissmässig wenigen Sitzungen gelingt es, ein tiefes
Engourdissement zu erreichen. Es werden nun durch einige Tage
die Suggestionen „contra masturbationem" fortgesetzt, dann erst
mit denen „contra virum et contra Sadismum" begonnen. Nach
dem fast 8 Wochen fortgesetzten Regime — wobei die Masturbation
(auch psychisch) vollkommen ausgeschaltet war — stellen sich gehäufte Pollutionen ein. Es gelingt dieselben suggestiv, mit Monobromkampfer etc. einzudämmen. Nach dreimonatlicher Behandlung
gelingt ein Coitus normalis, allerdings unter Suppositionen sadistischen Inhaltes. Nach weiteren 4 Wochen neuerlicher Versuch mit
gleichem Erfolge.

Patient ist durch diese beiden Ereignisse hoch beglückt und
zufrieden gestellt, da er beidemal vollkommenes Wollustgefühl hatte.

Wir können den Patienten insoferne als relativ geheilt bezeichnen, als ihm der Coitus normalis gelungen ist, der Masturbation
auch dank der Energie des Patienten für die Zukunft der Boden
entzogen ist, und die sonstigen neurasthenischen Beschwerden fast
vollkommen geschwunden sind.

Patient trägt sich mit Heirathsgedanken, welche Absicht in
dem vorliegenden günstigen Falle unterstützt werden muss. Die
sadistischen Beziehungen seiner Phantasie werden in der Ehe ab-
gebrochen werden und da Patient nicht belastet ist, aus gesunder
Familie stammt, liegen auch keine Bedenken anderer Natur gegen
die Ehe bei ihm vor.

Beobachtung 3. Sadismus bei heterosexueller Geschlechtsempfindung. Gegen Hypnose refractär. Besserung durch Wachsuggestion.

L. U., 40 Jahre alter Privater aus Amerika.

Patient ist von Seite der Mutter schwer belastet, hat mehrere
vollkommen gesunde Geschwister, war selbst mehrfach krank, jedoch unter Erscheinungen, welche zum Nervensystem keine Beziehungen haben. Ueber sein bisheriges Leben schreibt er selbst
Folgendes:

„Ich war in Kindheit und Jugend sehr vielfach krank, hatte

immer sehr langwierige Reconvalescenzen, weil ich von Haus aus ein schwächlicher Mensch bin und überdies leicht zu Blutungen neige, was auch bei meiner Mutter und ihrem Vater der Fall war. Ich musste auf den Wunsch meiner Eltern einen Beruf ergreifen, welcher mir nicht zusagte. Ich schwärmte für den Soldatenstand und hatte blos für Zeichnen und Malen Talent. Ohne mir bewussten Einfluss von Seiten meiner Erzieher hatte ich von jeher einen sehr stark entwickelten Patriotismus und eine überaus lebhafte Phantasie. Eine Eigenthümlichkeit, die ich von Kindheit an habe, ist es, dass ich stets vor dem Schlafengehen Vorstellungen von Reiten oder von patriotischen Aufzügen aller Art cultivire. In den Jugendjahren hatte ich oft ein peinigendes Gefühl von Alleinsein und religiöser Skrupel. Nach Absolvirung meiner Studien erhielt ich eine Anstellung, in welcher ich mich aber nicht wohl fühlte. Ich verliess dieselbe um so leichter, als ich krank zu sein glaubte. Eine abnorm starke Harnsäureausscheidung wurde für Zuckerkrankheit gehalten, in dieser Richtung behandelt und wurde ich wiederholt nach Karlsbad geschickt. Sexuelle Empfindungen stellten sich in früher Jugend ein, wahrscheinlich im 7. Lebensjahre. Ein um 2 Jahre älteres Mädchen forderte mich auf, ihre Hinterbacken zu entblössen, und sagte, ich solle mit ihr machen, was ich wolle. Darauf bekam ich sofort Wollustgefühl. Desgleichen als ich einmal hörte, dass ein Spielkamerad gezüchtigt worden war. Ich habe aber selbst die Züchtigung nicht gesehen. Einmal liess mich ein Dienstmädchen beim Herumbalgen auf sich reiten. Ich empfand äusserst intensives Wollustgefühl und benützte von da an dieses Erinnerungsbild zu Phantasievorstellungen, welche mit Wollust verbunden waren. Nach Eintritt in die Schule verliebte ich mich in eine Mitschülerin von 9—11 Jahren und erklärte mich ihr. Allein ich verliebte mich auch öfters in gleichalterige Knaben. Wollust wurde immer durch Entblössen der Hinterbacken erzielt. Ich ersehe daraus, dass ich mir des Unterschiedes der Geschlechter damals noch nicht bewusst war. Bis zu meinem 18. Lebensjahre malte ich mir gerne ähnliche Scenen aus. Inzwischen wurde ich, nachdem ich Altersgenossen gesehen hatte, auf die Kleinheit meiner Genitalien aufmerksam. Ich empfand darüber Scham und Schrecken und hielt mich unfähig, jemals zu heirathen; traute mich auch aus Scham nicht eine Prostituirte aufzusuchen. Meine Phantasie beschäftigte sich aber mit jungen Mädchen, welche entblösst und geschlagen wurden. In meinem 23. Lebensjahre legte ich mich einmal auf ein 15jähriges barfüssiges Mädchen und stellte mir vor, dass sie geschlagen werde, bekam sine immissione penis eine Ejaculation, war aber nicht befriedigt. Ich consultirte wiederholt Aerzte. Es wurde mir gerathen, zu heirathen. Bei meinen Vorstellungen, dass Weiber geschlagen werden, liess ich geliebte Personen immer aus dem Spiele. Vor Prostituirten mich zu entblössen, hatte ich grosse Scheu wegen der Kleinheit meiner Genitalien. Ich brachte einmal eine Nacht bei einem solchen sehr schönen Mädchen zu. Der Coitus gelang nicht. Ich bezwang mich, bei ihr zu schlafen. Sobald sie eingeschlafen war, hatte ich stärkere Wollustempfindungen, weil ich mich nicht zu schämen brauchte, stellte mir vor, dass das willenlose entblösste Mädchen geschlagen werde, bekam Erection und Ejaculation. Von da ab stellte ich mir diese Scene oft vor und endigte dies in der gleichen Weise. Ich habe fortwährend den Drang, mit möglichst jungen Weibern zu verkehren, eventuell mit Zuhilfenahme des Schlagens, kam aber nie zum Versuche. Mittlerweile war ich sehr neurasthenisch geworden, insbesondere plagen mich ganz unmotivirtes Schwitzen und Rothwerden, besonders wenn ich mich in einer mir noch fremden Gesellschaft befinde. Ich machte bereits verschiedene Kaltwassercuren mit, jedoch ohne Erfolg. Schon deshalb konnten sie mir nicht nützen, weil ich den Kernpunkt meiner Leiden nie dem Arzte anvertraute. Ich schwelge jetzt in allen diesen Vorstellungen, bekomme Erectionen und Samenerguss dabei, ohne dass ich meinen Penis berühren würde. Eine vollständige Befriedigung stelle ich mir vor, wenn ich ein ganz junges, etwa 15—16jähriges, aber entwickeltes Mädchen besässe, die mir absolut untergeben wäre. Diese Unterwerfung käme zum Ausdruck durch Entblössen auf Befehl, dabei müsste sie aber schamhaft sein. Ich würde sie schlagen, würde ihr aber keine starken Schmerzen bereiten. Wirkliche Grausamkeiten liegen mir ebenso ferne, wie mich der Anblick von Blut mit Abscheu erfüllt. Wenn ich mir andere Misshandlungen als Schlagen oder Peitschen vorstelle, so habe ich kein Wollustgefühl. Gegenwärtig beziehen sich diese Handlungen immer nur auf weibliche Wesen, und zwar am liebsten auf junge Mädchen. Männer in solcher Situation regen mich nicht auf. Dabei bin ich ausserordentlich empfindsam und gutherzig und würde, wenn ich meine geschlechtliche Aufregung befriedigt hätte, dem betreffenden Geschöpfe alles vergelten. Auch wenn ich Aehnliches lese, rege ich mich so auf, dass ich eine Pollution bekomme ..."

Ausser der hier vielfach geschilderten Phantasie-Onanie betreibt Patient aber auch effective Masturbation durch Schenkelreiben, Drücken etc. Wenn dieselbe einige Tage ausbleibt, bekommt er Pollutionen. Dabei ist es von grossem Interesse, dass im Traume auch männliche Individuen in sadistischer Beziehung auftreten, während er tagsüber keine Spur einer conträren Empfindung zu haben behauptet, im Gegentheile, horrorem viri hat.

Die Untersuchung ergibt:

Patient ist von Uebermittelgrösse, gut genährt, von vollkommen normalem männlichem Habitus. Der Organbefund ist vollkommen normal. Während der Untersuchung und Ergänzung der Anamnese tritt ziemlich intensives Erröthen ein, wobei auch ein starker Schweissausbruch, namentlich an der Stirne und vola manus, zu beobachten ist. Die Herzaction ist dabei nicht verstärkt, vollkommen rhythmisch. Es bestätigt sich, dass die Genitalien des Patienten auffallend klein sind, ihre Grösse entspricht ungefähr der eines 15—16jährigen Jungen. Allein die Geschlechtswerkzeuge sind vollkommen normal gebildet, die Consistenz der Testikel normal, ebenso zeigen der Haar- und Bartwuchs und die Pubes crinosa etc. keine Anomalieen. Das Präputium ist etwas enge, doch soll es, wie Patient angibt, der Erection nicht hinderlich sein. Zur Beruhigung des Patienten wird auch eine mikroskopische Untersuchung des Sperma vorgenommen, welche einen ganz normalen Befund ergibt. Es sind reichlich Spermatozoën in lebhafter Bewegung nachweisbar. Andere neurasthenische Beschwerden hat Patient nicht. Die Patellarreflexe sind gesteigert, im übrigen ist der objective Befund negativ. Die Behandlung, welcher Patient unterzogen wird, besteht in den gewöhnlichen antineurasthenischen und antimasturbatorischen Massnahmen, und nachdem es gelungen ist, die Onanie des Patienten auszuschalten, daran anschliessend in hypnotisch-suggestiver Beeinflussung. Diese letztere führt leider nicht zu dem gewünschten Ziele. Patient ist absolut nicht hypnotisirbar, auch kein Engourdissement zu erreichen. Während die hypnotische Behandlung somit im Stiche lässt, werden die Wachsuggestionen in denkbar energischester, rationeller Weise ertheilt.

Die Masturbation, psychisch und physisch, hört bald auf. Er sieht blühend aus. Trotz der vollkommenen Abstinenz von Onanie treten (nach 4 Wochen) keine Pollutionen auf, ebensowenig Pollutiones diurnae. Nur des Morgens stellen sich Erectionen ein. Der Schlaf des Patienten ist ein tiefer, traumloser. Das Ergebniss mehrmonatlicher Behandlung ist die Abstinenz von Onanie. Er empfindet intensive Libido und vollzieht einen Coitus cum femina juven. unter Supposition seiner sadistischen Neigungen. Er fühlt sich im allgemeinen so wohl und ist von dem gelungenen Coitus so sehr befriedigt, dass er auf weitere Behandlung verzichtet. Seine vasomotorischen Phänomene haben sich wesentlich gebessert. Er beabsichtigt, ein ihm convenirendes weibliches Wesen zu suchen, um durch festere Relation zu demselben eine Regulirung seiner Vita sexualis zu erreichen.

Was unter anderem diesem Falle besonderes Interesse verleiht, ist, nebst dem bedauerlichen Missglücken der Hypnose, das Verhalten des unbewussten Lebens, des Traumes. Hier ersieht man deutlich dessen Bedeutung. In der ersten Jugendzeit war Patient conträr. Später, etwa zur Zeit der Pubertät, hat sich seine conträre Empfindung corrigirt. Es traten intensive occasionelle Momente hinzu, welche dieser Selbstcorrectur zu Hilfe kamen, z. B. die Scene des Reitens auf einer Femina, aus welchen die disponirte und impressionable Psyche des Jungen sadistische Motive schöpft, die sich tief verankern und der im Erwachen befindlichen Vita sexualis den Stempel vielleicht für die Zeit seines Lebens aufdrücken. Die sadistischen Beziehungen zum Weibe geben nun der im Gleichgewicht zwischen Mann und Weib schwankenden Libido den Ausschlag nach der weiblichen, also normalen Richtung hin. Trotzdem schlummert unter der Schwelle des Bewusstseins die conträre Neigung und wird von sadistischen, also sexuell intuitiv wirkenden Erinnerungsbildern (Träumen) geweckt. So kommt es, dass er im Traume in sadistische Beziehungen zum Manne verfällt. ohne sie zu corrigiren (da er schläft!), Pollutionen bekommt, im Traume also conträr, im Wachen heterosexuell ist. Ein Verhalten, welches auf die psychologische Begründung der sexuellen Hermaphrodisie ein Streiflicht wirft, zugleich aber den Nutzen detaillirter Anamnesen beweist, zum mindesten deren grosses Interesse. — Daher wohl begreiflich, wenn wir die Krankengeschichten extensiver behandeln, als es nöthig scheinen könnte. In diesem besprochenen Falle begegnen wir einer Erscheinung, welche nicht direct in das Gebiet der Sexualempfindungen einschlägt, manches Mal jedoch in der Pathologie derselben eine Bedeutung gewinnt, und da sich dieselbe auch in mehreren Fällen unserer Casuistik wiederholt, einiger Worte bedarf. Es ist dies das „Erröthen und Schwitzen", der unmotivirte Farbenwechsel und die ebenso unmotivirte Transspiration. Insoferne beide diese Phänomene auf Erregungszustände zurückzuführen sind, stellen dieselben auf psychischem Wege herbeigeführte Reflexvorgänge dar. Die Schamröthe ist ein Hinweis auf eine vom Herzen unabhängige Veränderlichkeit im Gefässcaliber, und wie diese auf eine Erweiterung, so deutet das Gegentheil, das Blasswerden, auf eine Contraction und Blutleere der capillären Hautgefässe hin [*]. Ebenso können die Schweissnerven eine gesteigerte Secretion der entsprechenden Drüsenorgane [**] durch psychische Alteration, Erregung, Angst etc. hervorrufen, ebenfalls auf reflectorischem Wege. Dass diese Phänomene in Fällen der Art, wie hier behandelt, häufiger sind, hat seinen Grund darin, dass der der Erscheinung dienende Reflexkreis an einer Stelle besonders anspruchsfähig, d. h. leicht erregbar geworden ist. Eine besondere Irritabilität der Vasomotoren kann und wird vielleicht in vielen Fällen die Ursache dieser Erscheinung bilden. Dies muss aber nicht durchaus der Fall sein. Theoretisch kann man sich ganz gut vorstellen, dass nur unmerkliche, bei Patienten dieser Art aber intensiv einwirkende Affecte mit im Spiele sind; z. B. wenn sich ein solcher in Gesellschaft befindet, kann die ihn plötzlich überfallende Erinnerung, das Bewusstsein seiner ängstlich gehüteten Abnormität etc. oder Weibern gegenüber das Erinnern an die eigene Unzulänglichkeit einen für das Zustandekommen des Reflexes hinreichenden Affect bilden. Das Phänomen selbst ist natürlich gar nichts Neues und wird nur mit Unrecht ab und zu als eigene Neurose oder gar neuer Krankheitscomplex hingestellt. Diesbezüglich sei daran erinnert, dass schon J. L. Casper in den vierziger Jahren [***] einen solchen bemerkenswerthen Fall beschreibt, aus welchem zugleich ersichtlich ist, welche Rolle dieser Zustand spielen kann. Casper's

---

[*] Hermann, Physiologie, 1896.

[**] Krehl, Path. Physiol., 1898.

[***] D. J. L. Casper, Denkwürdigkeiten p. 167 „Biographie eines fixen Wahnes" (Berlin bei Duncker 1846).

unglücklicher Patient, der mit Selbstmord endete, war allerdings ein Neuropath, scheint sexuell aber normal gewesen zu sein.

Beobachtung 4. Eigenthümlich complicirter Fall von nicht activem Sadismus, sonst normaler (heterosexueller) Geschlechtsempfindung. Besserung durch Hypnose.

J. S., 30 Jahre alt, Privater.

Die Grossmutter väterlicherseits und der Vater selbst sind in verhältnissmässig nicht hohem Alter geistesschwach geworden, erstere starb, letzterer ist noch am Leben. Eine Schwester des Patienten soll, so wie seine Mutter in jüngeren Jahren hysterisch sein. Patient selbst war nie krank, genoss eine sorgfältige Erziehung, studirte viel, doch wurde auch seine körperliche Entwickelung in entsprechender Weise berücksichtigt. Ueber somatische Beschwerden hat Patient nicht zu klagen, das Einzige, was ihn auch hauptsächlich veranlasste, Hilfe zu suchen, sind oft auftretende Diarrhöen, gegen welche er schon einmal mit Nutzen eine hydriatische Behandlung gebraucht hat. Im übrigen ist sein Befinden ein normales, er schläft gut, hat guten Appetit, keine Kopfschmerzen, Pollutionen treten nur dann auf, wenn längere Zeit Abstinenz von Coitus et a masturbatione geübt wurde. Die objective Untersuchung ergibt bis auf mässig gesteigerte Patellarreflexe normalen Befund. Intelligenz und psychisches Verhalten vollkommen normal. Ueber seine Vita secualis schreibt der sehr gebildete Patient, hierzu aufgefordert, Folgendes:

„Ich erinnere mich genau, wann sich bei mir die ersten Spuren des erwachenden Geschlechtstriebes zeigten. Ich mochte etwa 7 Jahre alt sein, als ich beim Gang in die damals für beide Geschlechter gemeinsame Schule sah, wie im Vorraume des Schulhauses eine Lehrerin ein Mädchen in ungefähr meinem Alter strafte, indem sie ihm mit der flachen Hand mehrere Schläge auf den Rücken gab. Ich fühlte mich sofort in ganz ungewohnter Weise erregt, spürte zum erstenmal den Eintritt einer Erection, suchte das Closet auf und erreichte durch Reiben unter intensiv wollüstigen Empfindungen Erleichterung derselben ohne Spur einer Ejaculation. Wann sich eine solche zum erstenmal einstellte, kann ich nicht sagen, doch war es bestimmt erst viele Jahre später. Ich weiss, dass ich mir dieses Ereigniss später oft und oft in die Erinnerung zurückrief und dabei onanirte. Wenn ich sah, dass ein Knabe geschlagen wurde, machte mir dies gar keinen Eindruck; wenn ich aber Derartiges bei einem Mädchen etwa in meinem Alter sah, und insbesondere wenn eine weibliche Person die Misshandlung vollzog, bekam ich gleich Erection und musste onaniren. Auch im Schlafe hatte ich solche Träume. Ich weiss mich nicht zu erinnern, wann und wie ich erfuhr, wie ein weibliches Wesen überhaupt beschaffen sei, aber ich kann sagen, dass das Alter der weiblichen Personen, welche ich mir als geschlagen oder misshandelt vorstellte, so ziemlich mit meinem Alter wuchs. Ich habe auch immer gerne und unter geschlechtlicher Erregung solche Sachen gelesen. Ich war etwa 20 Jahre alt, als ich Gelegenheit hatte, zum erstenmal den Beischlaf auszuüben. Der Gedanke, dass das Weib, mit welchem ich verkehrte, geschlagen werde, verliess mich keinen Augenblick. Unter seinem Einflusse gelang auch der Beischlaf anstandslos. Wenn ich diesen Gedanken unterdrücken würde, käme ich nie zu einem Coitus, weil ich gar keine Wollust empfände. Ich stelle mir ein weibliches Wesen von einem anderen Weibe geschlagen oder misshandelt vor. Wenn ich mir denke, dass ein Weib von einem Manne geschlagen würde, macht mir dies nur einen widerlichen Eindruck. Nie könnte ich auch nur in Gedanken etwas Derartiges vornehmen. Am liebsten denke ich an junge Mädchen, welche ein ebenfalls junges, aber reiferes Weib schlagen; am meisten erregt es meine Wollust, wenn ich mir vorstelle, dass die Betreffende gepeitscht oder gegeisselt werde. Beim Lesen oder der sonstigen Beschäftigung mit derartigen Scenen wenden sich meine wollüstigen Empfindungen meist dem activen Theile zu, insoferne z. B. das junge Mädchen, welches ein junges Weib peitschen würde, schön und rücksichtslos grausam wäre, und je herrischer und rücksichtsloser sie wäre, desto heftiger ist meine Begierde. Wenn sie aber ein männliches Wesen so behandeln würde, würde es mich abstossen, dagegen ruft mir schon die blosse herrische Behandlung, Demüthigung etc. eines Weibes durch ein anderes Erregung hervor. Würden die Züchtigungen zu ernsteren Beschädigungen ausarten, Blut fliessen oder Aehnliches, dann wäre ich sofort entnüchtert. Obwohl ich thatsächlich ein weibliches Wesen, welches wirklich so handeln würde, verabscheue, zieht mich dasselbe sexuell mächtig an, und zwar nur dann, wenn beide Theile sehr schön sind, als solche geschildert werden oder ich mir die-

selben so vorstelle. Allein wenn mir die Schönheit des passiven
Theiles besser gefiele, so würde auch dieser mich geschlechtlich
anregen, wenn sie z. B. von einem minder schönen Weibe in der
erwähnten Weise misshandelt würde. Lektüre, Bilder etc., die sich
auf solche Scenen beziehen, regen mich sexuell auf und geben
diese Vorstellungen oft auch in meine Träume über, wobei dann
regelmässig Pollutionen auftreten. Nach einer solchen oder aber
nach einem Beischlafe habe ich Perioden von mehreren Tagen, ja
Wochen, wo diese Vorstellungen wenig Einfluss auf mich üben
und ich sie leicht unterdrücken kann. Dann aber kommen dieselben mit tyrannischer Gewalt über mich und verleiten mich,
wenn ich nicht gerade Gelegenheit zu einer normalen Befriedigung
habe, immer zur Onanie. Nach jedem solchen Acte habe ich gewiss mehrere Tage Ruhe; es kommen aber auch Pausen von
mehreren Wochen vor. Ich möchte gerne heirathen, erstens weil
ich ein Mädchen dazu ausersehen habe, und zweitens weil ich
glaube, dass mich die Ehe curiren würde. Ich muss dabei be-
tonen, dass das genannte Mädchen z. B. oder Verwandte etc. in
solche Situationen zu versetzen nicht nur mir keine geschlechtliche
Erregung bereitet, sondern dass mir der Gedanke an eine solche
Möglichkeit so zuwider ist, dass er in der Ehe gewiss nie auftreten wird . . ."

Sadistische Beziehungen zu Männern kennt Patient absolut
nicht, ebenso sind ihm alle masochistischen Gedanken ganz
fremd. —

Die Aufgabe, welche die Therapie in diesem Falle an uns
stellte, war von vornherein klar und relativ einfach. Nach dem
Studium der psychologisch interessanten Selbstbiographie des Patienten resultirte augenfällig, dass der Schwerpunkt seiner Perversität, daher Angriffspunkt der Therapie, wieder einmal lediglich
in der Unterdrückung der geistigen und effectiven Masturbation
lag. Da Patient auch spontan Zeiträume hatte, wo er sadistische
Empfindungen nicht cultivirte, konnten wir bezüglich der Prognose
um so beruhigter sein. In der That gelang es auch relativ leicht,
den Patienten während der Behandlungsdauer von Masturbation
ferne zu halten; während die suggestive Einwirkung gegen dieselbe gerichtet war — Patient kam in ca. 10 auf einander folgenden Séancen in tiefstes Engourdissement — blieben alle sadistischen Empfindungen von selbst aus. Trotzdem wurden ener-

gische Suggestionen contra Sadismum ertheilt. Wenige Wochen
genügten, um einen Coitus ohne Spur sadistischer Vorstellungen
zu erzielen. In einem zweiten folgenden Versuche sollen sich dieselben in mässiger Weise gemeldet haben, aber nur so leicht angedeutet, dass sich Patient selbst für geheilt erklärte und nunmehr an die Realisirung seines Eheprojectes schritt. Vom Standpunkte der Potenz konnte gegen dasselbe nichts eingewendet
werden, wenn sich auch manche Bedenken regten.

b) Fälle von sexueller Perversität im Sinne von Masochismus.

Beobachtung 5. Masochismus mit heterosexuellen Beziehungen. Hypnose. Besserung.

T. R., 27 Jahre alt, Privater.

Vater starb an den Folgen eines Schlaganfalles, die Mutter
an einem Magenleiden, ein Onkel an „Gehirnerweichung". Patient
hat gesunde und zum Theil verheirathete Geschwister. Er selbst
war nie ernstlich krank. In der Jugend soll er mehreremal
heftige Schwindelanfälle gehabt haben, angeblich ohne Störungen
des Bewusstseins. Keine Migräne. Masturbation wurde von Kindheit an betrieben, soll in den letzten Jahren geringer, in der aller-
letzten Zeit jedoch wieder intensiver cultivirt werden. Patient
wird vor dem Coitus, der sonst normal verläuft, intensiv erregt,
wenn er verbera ad nates von der betreffenden Frauensperson sich
ertheilen lässt. Dieselben dürfen keineswegs intensiv sein, sondern
stellen für die Erregung seiner Libido lediglich einen symbolischen
Act der Unterwerfung unter die Gewalt eines Weibes vor. Er ist
selten in der Lage, ihm ganz sympathische Weiber zu finden. Sein
Ideal wären Sacher Masochs Frauengestalten, insofern deren Misshandlungen nicht zu ernsteren Verletzungen führen, welch letztere
er aber perhorrescirt. Die Lust, unter Herrschaft eines Weibes zu
stehen, überkommt ihn nur temporär. Er ist nicht immer dis-
ponirt, kann aber trotzdem auch in seinen nichtmasochistischen
Intervallen den Coitus normalis ausführen. Zeitweise intensive
Steigerung der masochistischen Neigungen. Dieselben sind aber
immer nur heterosexuell. Es besteht der physiologische Horror
viri. Die perversen Empfindungen werden durch Lektüre geschürt

und dienen dieselben zum Substrate für psychische und physische Onanie. In der letzten Zeit (etwa 3 Monaten) hat die Libido überhaupt sehr zugenommen, und der Drang zur Masturbation soll sehr gestiegen sein.

Es bestehen ferner ziemlich beträchtliche neurasthenische Beschwerden, vorwiegend cerebraler Natur.

Patient erweist sich als relativ leicht und tief hypnotisirbar. In tiefstem Engourdissement bei 20 Sitzungen energischeste Suggestionen. Nach 4 Wochen Coitus ohne vorausgehende Prügelung, dachte aber daran. Ebenso die nächstfolgenden Versuche.

Beobachtung 6. Masochismus. Morphinismus. Suggestion. Besserung.

G. N., 27 Jahre alter Offizier.

Patient stammt aus einer Familie, in welcher verschiedene Neurosen, wie Hysterie, schwere Neurasthenie und Aehnliches, mehrfach vorkommen. Sein Vater starb an einem unbekannten Leiden, seine Mutter steht noch jetzt mehrfach wegen nervöser Beschwerden in ärztlicher Behandlung (scheint an Hysterie gravis zu leiden). Seine vier lebenden Geschwister sind gesund.

Patient wurde in frühester Kindheit einer Erziehungsanstalt übergeben. Er erinnert sich nicht, jemals ernstlich krank gewesen zu sein. Gegenwärtig hat er allerdings eine Reihe von Klagen über sein Befinden zu führen. Vor allem leide er an absoluter Schlaflosigkeit; deshalb habe er bereits vor 1½ Jahren zum Morphin seine Zuflucht genommen. Gegenwärtig ist er auf einer Tagesdosis von 0,40 angelangt, welche er sich in täglich mehrfach wiederholten subcutanen Injectionen selbst beibringt. Es wurde mehrfach der Versuch gemacht, ihm das Morphin zu entziehen, er verfiel aber bald wieder in seinen Fehler zurück. Als Abstinenzerscheinung führt er intensive Magenkrämpfe, Erbrechen, Diarrhöen etc., sowie natürlich vollkommene Schlaflosigkeit an.

Er leidet ferner an sehr häufigen Pollutionen, jede Woche 2—3mal. Interessante Angaben macht Patient über seine Vita sexualis, welche er in detaillirter, hier im Auszuge wiedergegebener Weise wie folgt schildert:

„Ich wurde mit 7 Jahren einem Institute übergeben, wo ich erzogen werden sollte. Ich kann sagen, dass ich nach kurzer Zeit zu den Besten in meiner Klasse gehörte. Ich war jedoch noch keine 2 Jahre in der Anstalt, als ich zu onaniren anfing. Wieso das kam, daran erinnere ich mich ganz genau. Ich hatte sehr liebe Spielkameraden, besonders einen, welchen ich ausserordentlich lieb gewann und an den ich mich anschloss. Eines Tages spielten wir ein Spiel; im Verlaufe desselben sollte ich gerade von diesem meinem Kameraden gefangen werden. Ich wehrte mich, wurde aber überwunden. Mein um 2 Jahre älterer Freund besiegte mich, warf mich zu Boden und, um meinen Widerstand ganz zu brechen, legte er sich mit der vollen Schwere seines Körpers auf mich. Da bekam ich, was ich bis dahin noch nie empfunden hatte, natürlich auch nicht zu deuten wusste, heftiges Wollustgefühl, Erection und eine Ejaculation trotz meines Alters von kaum 9 Jahren. (Wohl vorwiegend Prostatasecret?!) Alles das während der wenigen Secunden, wo sich mein Besieger auf mir herumwälzte und mich nach Kräften puffte. Von dieser Zeit ab überkam mich stets das Wollustgefühl dieser Stunde, so oft ich an dieses soeben geschilderte Ereigniss zurückdachte. Ich habe mir die Sache verschiedentlich ausgeschmückt, immer vor Augen gehalten, wenn ich onaniren wollte, was damals entweder während des Unterrichts, wenn ich unbeachtet war, oder Abends beim Schlafengehen oft und oft der Fall war. Bis zu einem Tage, an welchen ich mich genau noch erinnere, habe ich in diesen Scenen immer nur an männliche Personen gedacht. Etwa 3 Jahre später war ich in Ferien zu Hause. Wir unterhielten uns, mehrere Kinder zusammen, da wir allein waren, mit wildem Herumhetzen und Balgen mit zwei Mägden, die uns beaufsichtigen sollten. Beide waren junge schöne Personen, eine davon eine grosse, vollbusige Gestalt, mit welcher ich im Laufe des Spieles raufte. Das starke Mädchen warf mich aufs Bett, hielt mich an beiden Oberarmen nieder und höhnte mich ob ihres Sieges über mich, einen Mann. Von der Anstrengung erhitzt, wogte der Busen des üppigen über mich gebeugten Weibes, knapp über meinem Gesichte. Ich hatte auch Gelegenheit, einen Theil ihrer Brüste zu sehen, weil sich ihr Kleid gelöst hatte. Ich hatte eine heftige Wollustempfindung, wollte um jeden Preis die Brüste des Mädchens ganz entblössen, was sie merkend nicht zugab und mich immer stärker niederhielt. Da bekam ich, mit dem Unterkörper mich gegen das Weib stützend, einen Samenerguss. Von diesem Augenblicke an vergass

ich ganz alle Männer, und meine Phantasie beschäftigte sich lediglich in unzähligen Variationen mit Weibern, die mich besiegten,
vornehmlich mit ebensolchen üppigen, starken Mädchen. Ich habe
seither wollüstige Empfindung überhaupt nur mit Rücksicht auf
das Weib, zuweilen träume ich davon, lese auch gerne Aehnliches,
besonders Sacher Masoch, was dann stets Anstoss zu Onanie abgibt.

Als ich in das Alter kam, wo junge Leute gewöhnlich das
Bedürfniss nach Umgang mit Frauen haben, machte ich einer
dazu sich berufsmässig hingebenden Person Besuch und war —
ein Zeichen, für wie natürlich ich meine Passionen hielt — sehr
erstaunt, dass ich bei dem Acte oben liegen sollte. Es gelang
auch so lange nicht, bis sich die Betreffende nicht auf mich legte.
Ich kann den Beischlaf überhaupt nur in dieser Weise ausüben.
Wenn das Weib schön ist, mich durch Schlagen oder Drücken
ihre Kräfte fühlen lässt und dann auf mir liegt, geht alles ohne
den geringsten Anstand vor sich. Ich mag heute mit Männern
nichts zu thun haben; dafür sind mir grosse, üppige Weiber, die
ich mir für diesen Zweck geeignet denke, sehr sympathisch, und
wenn ich den Coitus (in meiner Weise) regelmässig auszuüben
nicht Gelegenheit habe, verfalle ich wieder in Onanie. Seit ich
mit Morphin arbeite, habe ich freilich wenig, fast gar kein Bedürfniss, dafür die Pollutionen, nach welchen ich mich immer
dreimal so elend fühle und auch mehr Morphium nehmen muss,
um unter Menschen zu gehen ..."

Patient war nicht wegen seiner sexuellen Curiosität in die
Anstalt gekommen, sondern um von dem Morphin geheilt zu
werden. Die hiebei eingeleitete Behandlung geschah nach allgemeinen Grundsätzen in dieser Angelegenheit. Die Cur war eine
schwierige, für den Patienten jedoch äusserst glückliche. In weniger als 4 Wochen war der Morphinismus beseitigt. Während
der Behandlung wurde aber auf die Ausgleichung seiner sexuellen
Anomalieen, welche nach Beendigung der Abstinenzcur vorgenommen werden sollte, durch vorbereitende Schritte hingearbeitet, die Pollutionen und masturbatorischen Acte durch die
üblichen Mittel sistirt, dann, als der Zustand des Kranken es er-
laubte, mit der Suggestivbehandlung eingesetzt. Dieselbe führte
zu tiefem Engourdissement. Das Ergebniss derselben war, dass
Patient einen Coitus modo naturae ausüben konnte, allerdings
unter Zugrundelegung masochistischer Vorstellungen. Eine Fort-

setzung der Behandlung konnte er nicht abwarten. Allein er war
mit dem erreichten Resultate sehr zufrieden. Er wollte heirathen,
hatte sich aber von jedem dazu führenden Schritte deshalb zu-
rückgehalten, weil er seiner Frau in sehr ehrenfester Weise nicht
zumuthen wollte Object seiner Perversion zu sein. Jetzt, da er
wisse, dass er auch normal sein könne, werde er gewiss den Rest
seiner Anomalieen in der Ehe verlieren, da er seine Erwählte liebe
und sie niemals auch nur in seinen Gedanken mit derartiger Perversität verquicken mochte. — Wir können nur hinzufügen, dass
wir dem Patienten auch vom ärztlichen Standpunkte Recht gaben.

c) Fälle von sexualer Hypo- und Hyperästhesie, zum Theile durch Perversitäten complicirt.

Beobachtung 7. Hyperästhesia sexualis. Pollutiones diurnae.
Hypnose. Heilung.

O. Q., 28 Jahre alt, Künstler.

Patient stammt aus belasteter und ihn belastender Familie.
Der Vater endete durch Suicidium. Ausserdem sprechen noch
andere Momente für schwere Belastung. Patient selbst hat mehrere
schwere Erkrankungen durchgemacht. Die letzte derselben vor
4 Jahren, eine heftige Hämoptoë, welche sich aber seither, nach
mehrmonatlicher Behandlung und Aufenthalte im Süden nicht mehr
wiederholt hat. Patient hat von Jugend an Masturbationem
strenuam betrieben. Es soll dieselbe schon im 7. Lebensjahre motu
proprio begonnen haben, und wird seither ohne zu lange Pausen
fortgesetzt. Nur während seiner letzten Erkrankung war Patient
infolge der rapiden Abnahme seiner Kräfte so sehr beunruhigt,
dass er mehrere Monate abstinirte, seither aber rückfällig geworden
ist und wird die Masturbation gegenwärtig ärger denn je, semel
et bis quotidie cultivirt. Die sexuellen Empfindungen des Patienten
bewegen sich bezüglich des Objectes in normalen Bahnen, conträre
Empfindungen hat er nie gehabt. Fast mit dem Eintritte der
Pubertät hat Patient den Coitus normalis auszuüben begonnen. Derselbe gewährt ihm in jeder Beziehung vollkommenere Befriedigung
als die Masturbation, welcher er sich theils aus mangelnder Gelegenheit, theils aus Furcht vor Infection und anderen Folgen des
Coitus illegalis als eines Ersatzmittels bedient. In der letzten Zeit
bemerkte er überdies schwächere Erectionen und Ejaculatio praecox

beim Verkehre. Wenn er längere Zeit von Onanie sich frei erhält,
treten gehäufte Pollutionen ein. Sowohl diese als die Masturbation
provociren für die folgenden Tage Kopfschmerzen, Müdigkeit und
Unfähigkeit zur Arbeit. Was ihn aber in letzter Instanz veranlasste, eine Radicalbehandlung seiner anormalen Vita sexualis vorzunehmen, ist Folgendes: Seit einiger Zeit bemerkte er auch tagsüber ohne besondere erotische Erregung Samenverluste. Dieselben
wurden als Prostatorrhöe gedeutet und im Anfange dieser Erscheinung kein wesentliches Gewicht beigelegt. Es stellten sich jedoch
im unmittelbaren Anschlusse an diese Erscheinung bald wirkliche
Tagespollutionen ein. Verhältnissmässig geringe Reize lösten dieselben aus, deren Intensität nicht einmal so stark war wie die
früherer Momente, welche Patienten zur Masturbation verleitet
hatten. Die Pollutionen erfolgten zwar unter Wollustempfindung,
doch ohne Erection, beim Anblicke ihm sympathischer Frauengestalten oder auch Bilder, wenig lasciver Lectüre etc. Zugleich
ist die Libido des Patienten in enormem Masse gesteigert, und
andererseits der Coitus durch mangelhafte Erection und Ejaculatio
praecox gestört. Durch alle diese Erscheinungen ist Patient körperlich rapid herabgekommen, ausserordentlich verstimmt und beunruhigt, um so mehr als sich auch der Husten und leichte abend-
liche Fieberbewegungen wieder eingestellt haben. Hämoptoë trat
nicht auf, doch fürchtet Patient, dass dies geschehen könnte. Der
Schlaf des Patienten ist auch abgesehen von den häufigen Pollutionen schlecht, Appetit gering, Stuhl unregelmässig. Er ist
schmächtig gebaut, mässig gut genährt, der Herzbefund normal,
an beiden Lungenspitzen leichte Schallverkürzung, keuchendes Exspirium, aber keine Rasselgeräusche. Patient gibt an, im letzten
Jahre 8 kg an Körpergewicht verloren zu haben. Patellarreflexe
gesteigert, ziemlich intensiver Tremor der Hände, sonst kein Befund.

Nach Einleitung sämmtlicher zweckdienlicher diätetischer und
medicamentöser Massnahmen beginnt die ausserordentlich erregte
Libido zu sinken. Dementsprechend, bei Abstinenz von psychischer
und somatischer Masturbation schwinden die nächtlichen Pollutionen, die P. diurnae jedoch weichen erst bei combinirter Psychro-
phor- und Suggestivbehandlung. Letztere wendet sich in mitteltiefem Engourdissement gegen die Libido und contra mast. Mit
der Beruhigung der Vita sex. kehrt auch subjective Euphorie und
Zunahme des Körpergewichtes wieder. Temperaturen Abends nor-

mal. Von der 8. Woche angefangen übt Patient wöchentlich einmal bei normaler Erection und Ejaculation den Coitus aus. Gesammtdauer der Behandlung: 3 Monate. In einer weiteren Zeit von 10 Monaten sind keine Tagespollutionen mehr aufgetreten und kein Rückfall in Masturbation erfolgt.

Beobachtung 8. Dem vorausgehenden analoger, jedoch durch conträre Sexualempfindung (psychische Hermaphrodisie) complicirter Fall. Hypnose. Besserung.

C. J., 24 Jahre alter Student.

Patient stammt aus einer Familie, in welcher sowohl geistige als nervöse Erkrankungsfälle vorkamen. Von Jugend an schwankte seine Vita sexualis zwischen Mann und Weib. Coitus normalis cum femina wurde wiederholt ausgeübt, homosexuelle Empfindungen nur psychisch cultivirt, jedoch nicht ausgeführt. Masturbation von Jugend an, bald mit männlichen, bald mit weiblichen Suppositionen. Gegenwärtig neigt Patient entschieden mehr zum Manne, welchem Verhalten entsprechend auch die allfälligen Träume lediglich conträren Inhalt haben. Seit ca. 1 Jahre gehäufte Pollutionen, seit einem halben Jahre auch Pollutiones diurnae. Im Anschlusse an diese treten die neurasthenischen Beschwerden dominirend in den Vordergrund, und zwar sind dies: constanter Kopfdruck, zeitweise zu halbseitigem Kopfschmerze (ohne Magenbeschwerden) exacerbirend. Leichte psychische und körperliche Ermüdbarkeit, schlechter Schlaf, geringer Appetit. Objectiv leichte Herzarhythmie, ausgesprochene Differenz zwischen In- und Exspirationsfrequenz. Gesteigerte Patellarreflexe, Schwindel (nach Art des Romberg'schen Phänomens). Die antineurasthenische Behandlung führt nur langsam zu einer Besserung. Hypnose (mitteltiefes Engourdissement) gelingt erst mit Nachhilfe von Chloroform nach zahlreichen Versuchen, die fruchtlos waren. Theils in dem Engourdissement, theils mit Wachsuggestionen in möglichst nachdrücklicher Form gelingt die Suggestion des Widerstandes gegen den Antrieb zu Masturbation. Diese und die Pollut. diurnae verschwinden erst nach mehrmonatlicher Behandlung. Während dieser ist Patient sexuell indifferent. Nach etwa einem halben Jahre sind sowohl die leichte Arhythmie als Differenz (Unterschied der In- und Exspiration) geringer geworden. Patient fühlt sich energisch genug, auch in Zukunft nicht mehr in psychische etc. Onanie zu verfallen.

Beobachtung 9. Paedophilia. Alcoholismus chronicus. Besserung durch suggestive Einwirkung. Exitus durch intercurrente Erkrankung.*)

X. D., 40jähriger Rechtsanwalt aus dem Auslande.

Patient stammt von gesunden Eltern; sein Vater lebt noch, 95 Jahre alt, seine Mutter starb an Altersschwäche. In seiner Familie sind keine Nervenkrankheiten bekannt. Als Kind eines wohlhabenden Hauses genoss er eine sorgfältige Erziehung und erfreute sich als Schriftsteller und Jurist eines grossen Rufes in seiner überseeischen Heimath. Ohne dass Jemand auch in seiner nächsten verwandtschaftlichen Umgebung eine Ahnung von den Abwegen hatte, auf welchen Patient wandelte, wurde er zum Entsetzen aller, die ihn kannten, plötzlich verhaftet, vors Gericht gestellt und zu 1½jährigem Kerker verurtheilt, verbunden mit dem Verluste aller seiner Ehrenrechte, Doctordiplom, Adel etc. Nach verbüsster Haft trat er in unsere Beobachtung. Er ist ein untersetzt gebauter Mann, von intelligenten Gesichtszügen, durchwegs männlichem Habitus, ernst ruhigem Auftreten, vorzeitig gealtert und leicht ergraut. Auf Befragen gibt Patient an, nie ernstlich krank gewesen zu sein. Er war immer begabt, lernte leicht und gerne und hatte sich zu angesehener, auch einträglicher socialer Stellung emporgearbeitet, bis ihn das Unheil traf.

Er datirt seine ersten sexuellen Regungen in das 11. Kindesjahr zurück. Er lernte damals in der Schule von Mitschülern onaniren und wurde von ihnen zu mutueller Masturbation verleitet, welche er, solange er in niedrigeren Schulklassen war, betrieb. Später, als er in höhere Schulen kam, wurden ihm die Altersgenossen zuwider. Seine Libido wurde nur von Knaben im Alter bis zu 13—14 Jahren erregt. Gleichaltrige oder ältere liessen ihn unbewegt. Als Gymnasiast und Hochschüler war es ihm nicht möglich, sich solche Objecte zu verschaffen, weshalb er nur unter Zugrundelegung entsprechender Gebilde seiner Phantasie modo strenuo masturbirte. Als er eine selbständige Lebensstellung und damit zureichende Mittel erreicht hatte, war sein intensivstes Be-

---

*) Dieser Fall ist (von anderem Gesichtspunkte bearbeitet) von v. Krafft-Ebing publicirt in „Arbeiten aus dem Gesammtgebiet der Psychiatrie und Neuropathologie" IV, Abschnitt III.

streben darnach gerichtet, Knaben in dem genannten Alter an sich zu locken. Er hatte mehrere Absteigquartire in seiner Heimathstadt inne. Gelang ihm ein Fang, dann verbrachte er die Nüchte dort mit seinem jeweiligen Opfer. Er nahm dasselbe zu sich ins Bett und sei es willig oder durch oft geradezu wahnsinnige Opfer an Geld und Geldeswerth, brachte er seine Schlafgenossen zu mutueller Manustupration. So trieb er es 10 ganze Jahre, ohne entdeckt zu werden. Eines Nachts wurde er in flagranti ergriffen, verhaftet und verurtheilt. An Leib und Seele gebrochen, entmündigt, entehrt und ein social todter Mann sucht er von seinen ihn noch immer dominirenden Trieben Hilfe und Rettung.

In seinem Leben spielte der Alkohol die Rolle des verhängnissvollen Dämons. Trank er nicht, dann hatte er keine besondere Libido; und trat diese doch ein, dann konnte er sich bezwingen. Sobald er jedoch nur 2—3 Gläser Wein oder Schnaps in sich hatte, dann verlor er jeden Halt. Unaufhaltsam riss es ihn dann zur Suche nach einem Gefährten zur Ausübung der Leidenschaft, deren willenloser Sklave er ward, sobald er getrunken hatte. Bei einer solchen Gelegenheit verabsäumte er dann einmal die gebotene Vorsicht und wurde ergriffen. Im Kerker und seit er entlassen ist, hat er, in ersterem gar nicht, in letzterer Zeit fast gar nicht getrunken. Dementsprechend hat er während seiner Haft auch nicht onanirt, während dies neuerdings wieder geschehen ist. Dieser grauenhafte Bericht des unglücklichen Menschen wird von Thränen des tiefsten Kummers oft und oft unterbrochen. Die objective Untersuchung ergibt vollkommen normalen Organbefund und normale Psyche bei hoher Bildung und Intelligenz. Befragt, gibt er noch an, dass zeitlebens ein unüberwindlicher Horror feminae bei ihm bestanden habe. Eben solcher Horror vor männlichen Individuen, sobald die Zeichen der Pubertät auftreten. An Pollutionen hat er nie gelitten. Er bittet selbst, unter strenge Aufsicht gestellt zu werden, da er fühle, dass ihn auch seine Kerkerhaft nicht gebessert habe.

Patient wird unter strenge Aufsicht gestellt, Tag und Nacht überwacht. Die Diät wird nach den im allgemeinen Theile besprochenen Grundsätzen geregelt, Abreibungen, Halbbäder, Monobromkampfer in Suppositorien angewendet, strenge die Tagesarbeit eingetheilt, Alkohol in jeder Form absolut entzogen, Tabak mässig gestattet.

Nach 3wöchentlicher Behandlung gibt Patient an, sich somatisch wohler zu befinden. Die Libido sei jedoch nicht geringer. Nun wird die Suggestionstherapie ins Treffen geführt. Anfangs ist Patient vollkommen refractär. Erst nach ca. 20 Sitzungen wird leichtes, dann aber schnell ein ziemlich tiefes Engourdissement erreicht. Jetzt werden energische Verbalsuggestionen, zunächst contra libidinem überhaupt ertheilt. Im weiteren Verlaufe Suggestion gegen Alkohol, welche thatsächlich einen Ekel vor jedem alkoholischen Getränke provocirt. Nach 3 Monaten ist vollkommene sexuelle Ruhe eingetreten. Keine Pollutionen. Patient ist ganz glücklich und zufrieden. Er wird probeweise ohne Aufsicht gelassen und hält sich tadellos. Er ist bereits in eine kleine Stadt übersiedelt, stellt sich von Zeit zu Zeit vor, wird suggestiv beeinflusst und ist nach Aussage seiner Wirthsleute absolut von Alkohol abstinent, in seinem Lebenswandel tadellos und ohne Vorwurf. Nach fast 1jährigem Aufenthalte ausserhalb der Anstalt wird vereinbart, die Suggestionstherapie behufs Erzielung normaler sexueller Sensationen wieder aufzunehmen. Bevor dies geschehen kann, ist Patient verunglückt, indem er sich beim Baden in offenem Flusse eine Wunde am Fusse zuzog, die, anfangs unscheinbar, zu einer Lymphangioitis und Adenitis, dann Septicopyohämie führte. An der chirurgischen Klinik eines öffentlichen Krankenhauses ist Patient gestorben. Die Section ergab septische Pneumonie, absolut normalen Gehirnbefund.

Beobachtung 10. Einfache psychische Impotenz. Hypnose. Heilung.

C. T., 33 Jahre alter Privater.

Patient gibt an, aus nervöser Familie zu stammen, eigentliche Erkrankungen psychischer oder neurotischer Natur sind jedoch nicht nachweisbar. Ebenso bezeichnet er sich als nervösen Menschen, ohne bestimmte Anhaltspunkte angeben zu können. Im Alter von 10 Jahren begann er motu proprio zu onaniren, setzte dies lange Zeit fort, seit mehr als 10 Jahren soll jedoch weder psychische noch sonstige Masturbation bestehen. Der Appetit sei gering, Schlaf schlecht, Stuhlgang unregelmässig. Ausserdem bestehen noch intensive Rückenschmerzen. Bezüglich seiner Vita sexualis gibt er an, sexuelle Empfindungen immer nur dem Weibe gegenüber gehabt zu haben, und in der Ausübung derselben Functionen, was er im 18. Jahre begann und seither regelmässig 1—2mal der Woche fortsetzte, nie und in keiner Weise behindert gewesen zu sein. Vor 6 Jahren acquirirte er eine Gonorrhöe, die ohne Complicationen ausheilte, sonst hatte er keine venerische Infection. Vor 1 ¼ Jahren hat Patient geheirathet. Die ersten Zeiten seiner Ehe verliefen vollkommen normal. Der gegenwärtige abnorme Zustand, über welchen er Klage führt, ist eine ohne jede ihm bekannte Ursache vor ca. 2 ½ Monaten eingetretene Impotentia coeundi. Es sollen keine Excesse vorhergegangen sein. Trotz unveränderter, vielleicht sogar gesteigerter, der in normalen Zeiten nicht geringen Libido, trotz sonstigen sympathischen Empfindungen der Consors gegenüber, kommt es zu keiner Erection und damit zu keiner Cohabitation. Das Merkwürdigste dabei ist, dass er trotz aufrichtigster und nicht veränderter Neigung zu seiner Frau blos ihr gegenüber impotent sei, mit jedem anderen Frauenzimmer verkehren könne, wie er sich, trotzdem er dies normaler Weise entschieden perhorrescire, überzeugt habe. Extra matrimonium gelang der Coitus bei wie sonst kräftiger Erection anstandslos wie vorher. Ob dieser Erscheinung ausserordentlich beunruhigt, hat Patient die verschiedensten Medicamente, welche ihm zur Heilung seiner vermeintlich geschwundenen Potenz angerathen wurden, angewendet und sich auch bereits mehrere Wochen auf ärztliche Anordnung von jedem Annäherungsversuche enthalten. Zeitweise sind in den letzten Wochen, insbesondere nach vergeblichen Versuchen dieser Art, Pollutionen eingetreten im Traume, der sich mit normalen Vorstellungen beschäftigte, wie Patient glaubt ohne Erection. Nach Pollutionen hat er regelmässig Kopfschmerzen, fühlt sich matt, müde, abgeschlagen. Die objective Untersuchung ergibt vollkommen normalen Organbefund; Patient ist kräftig, gut genährt, aber blass, sehr dysthymisch, beunruhigt. Die Patellarreflexe lebhaft gesteigert. Die eingeleitete antineurasthenische Behandlung inclusive Psychrophor und 14 suggestive Sitzungen (tiefes Engourdissement) führen nach 4wöchentlicher Behandlung zu einem vollkommenen und tadellosen Erfolg.

Beobachtung 11. Temporäre psychische Impotenz. Suggestivbehandlung. Heilung.

R. V., 30 Jahre alt, Offizier.

Patient erscheint nicht belastet, hat gesunde Geschwister, war selbst nie ernstlich krank. Vom 10.—20. Jahre Masturbant. Gegenwärtig soll nur zeitweise psychische Onanie vorkommen. Bei Coitusversuchen soll immer nur wenig intensive Erection und sehr frühzeitige Ejaculation eingetreten sein. Seine Libido war immer sehr stark. Angst vor Infection und anderen Nachtheilen des illegitimen Verkehres legten ihm grosse Zurückhaltung in den letzten Jahren auf, um so mehr als er sich mit Heirathsgedanken getragen hat, welche er endlich vor 3 Monaten verwirklichen konnte. Nebst einer Reihe von neurasthenischen Beschwerden klagt Patient, dass ihm der Coitus in matrimonio noch nicht gelungen sei. Er hat fast beständigen Kopfdruck, sehr schlechten Schlaf, eine immerwährend leichte Erregung, meist trübe, zuweilen verzweifelnde Gemüthsstimmung. Beim Versuche der Cohabitation kommt es zu keiner richtigen Erection, trotz vorhandener Libido und sonst auch bestehenden Sympathieen versus uxorem, welche sich im übrigen frigide verhält. An Pollutionen (in gehäufter Weise) hat Patient niemals gelitten. Dagegen sind solche in der letzten Zeit wiederholt aufgetreten. Die objective Untersuchung ergibt blos gesteigerte Patellarreflexe und ziemlich blasses, anämisches Aussehen.

Es wird dem Patienten vorläufige Abstinenz zur Pflicht gemacht, und 3—4wöchentliche hydriatische Behandlung empfohlen. Nach Ablauf derselben an einander folgenden 16 Tagen Suggestivbeeinflussung. Patient kommt ausserordentlich leicht in tiefes Engourdissement. Die Suggestionen „für kräftige Erectionen“ erweisen sich als so gut haftend, dass der Patient schon nach 16 Sitzungen seiner Ueberzeugung Ausdruck gibt, gesund zu sein. Er wird nunmehr angewiesen, ante coit. 3,0 Brom zu nehmen. Der erste Coitus nach etwa 6wöchentlicher Abstinenz gelang anstandslos, ebenso alle folgenden, wobei sich Patient anfangs auf 1mal der Woche beschränkt.

Beobachtung 12. Einfache psychische Impotenz. Geheilt.

M. F., 31 Jahre alt, Gutsbesitzer.

Patient war immer gesund, stammt von gesunden Eltern, hat gesunde Geschwister. Er lebt in besten Verhältnissen. Seine einzige Klage ist folgende: Er hat vor 7 Monaten geheirathet. Bis dahin lebte er das gewöhnliche Leben des Junggesellen, verkehrte mit Damen und übte von Zeit zu Zeit den Beischlaf aus. Er hatte dabei nie die geringste Störung, genoss vollkommene Befriedigung.

Seit mehr als 2 Jahren kein Coitus, da Patient verlobt war und sich vor Infection fürchtete. In dieser Zeit sehr häufige Pollutionen bis zu 2mal der Woche. Patient empfand dieselben sehr unangenehm, weil sich jedesmal nach denselben Kopfschmerz oder Eingenommenheit des Kopfes, Müdigkeit, geistige Abspannung einstellte. Seine Frau liebte Patient aufrichtig und freute sich mit dem Gedanken seines kommenden Eheglückes. Die Zeit von seiner Verheirathung bis heute schildert Patient als die traurigste seines Lebens. Bis heute ist ihm keine Cohabitation gelungen. Er ist darüber äusserst unglücklich, verzweifelt, trägt sich mit Selbstmordgedanken. Seine Frau ist ruhig und sehr vernünftig, vertröstet ihn auf kommende Zeiten, sagt ihm, er sei nervös und tröstet ihn in jeder Weise. Er macht sein Leben von dem Gelingen der bevorstehenden Cur abhängig etc. Die Untersuchung ergibt: Patient ist über Mittelgrösse, von kräftigem Körperbau, durchaus männlichem Habitus. Alle Organe ohne pathologischen Befund. Genitalbefund vollkommen normal. Weite Pupillen, gesteigerte Patellarreflexe. Auf Befragen gibt Patient noch an, dass er, seit er sich für impotent halten müsse, schlecht schlafe, müde, abgespannt, appetitlos sei. Die Darmfunctionen, bis dahin stets regelmässig, sind träge geworden. Ueber die näheren Umstände des Misslingens seiner Coitusversuche befragt, gibt Patient an, es komme nie zu einer Erection. Eine solche sei unmittelbar vorher in kräftigster Weise vorhanden. Sobald er sich seiner Consors nähere, erschlaffe das Glied sofort. Seine Frau komme ihm in jeder Weise entgegen, doch alles sei erfolglos. Libido ist in ausgesprochenstem Masse vorhanden. Patient ist überzeugt, wenn es nicht gerade seine Frau wäre, mit jedem anderen Weibe könnte er den Coitus ausführen. Es widerstrebt aber seinen Principien, dies zu thun. Patient hat nie onanirt.

Patient wird der Anstaltsbehandlung unterzogen. In den ersten 3 Tagen Nacht für Nacht Pollutionen. Die Therapie besteht in: Abreibung des Morgens mit 20°, Vormittag Halbbad von 23—20°; Abstinenz von Alkohol, blande Diät, Nachmittag Einführung des Psychrophores, täglich durch eine Viertelstunde, Wasser von 18°. Abends vor dem Schlafengehen die Einführung eines Zäpfchens von Camphora monobromata 0,80. Nach 4 Tagen keine Pollutionen mehr. Die neurasthenischen Beschwerden des Patienten sind fast gänzlich geschwunden und haben subjectivem, vollkommenem Wohlbefinden Platz gemacht. Patient ist heiter und sieht zuversichtlich der ihm versprochenen Suggestivbehandlung entgegen. Nach 8tägigem Aufenthalte erste Suggestivsitzung, welche von jetzt ab täglich vorgenommen wird. In der 3. Sitzung bereits leichtes Engourdissement. 12 suggestive Sitzungen werden vorgenommen, womit ein 3wöchentlicher Aufenthalt des Patienten endigt. Am 23. Tage von seinem Eintritte erster Coitusversuch. Patient wird angewiesen, unmittelbar vor demselben 4,0 Natr. brom. zu gebrauchen.

Voller Erfolg. Coitus anstandslos gelungen. (11 Monate später war Patient bereits glücklicher Vater.)

Die weiteren Beobachtungen dieses Falles haben ergeben (es sind jetzt 3 Jahre seit der Anstaltsbehandlung verflossen), dass nie mehr eine noch so geringe Abnahme der Potestas coeundi eingetreten ist.

Beobachtung 13. Masturbatio a juventute. Temporäre Impotenz. Neurasthenia gravis. Suggestivbehandlung. Heilung.

A. C., 28 Jahre alt, Kaufmann.

Patient stammt aus nervöser Familie. Es sind verschiedene Psychosen, sowie schwere Nervenerkrankungen, sowohl unter seinen Ascendenten als auch unter seinen Geschwistern aufgetreten. Masturbatio strenua von Kindheit an, motu proprio entstanden. Verschiedene Versuche, welche im Alter von 18 Jahren aufwärts zu wiederholten Zeitabschnitten unternommen wurden, um den Coitus naturalis auszuführen, misslangen stets an mangelhafter Erection im gegebenen Augenblicke. Er liess sich daher nur per feminam manustuprare, was ihm für den Augenblick zwar vollkommene Befriedigung gewährte, allein allmälig zum Ausgangspunkte der jetzt bestehenden neurasthenischen Beschwerden wurde.

Patient ist klein, schwach, schlecht genährt. Psychisches Verhalten normal. Genitalbefund negativ. Im Sperma mässige Anzahl zum Theile normaler, zum Theile unbeweglicher oder verkümmerter Spermatozoen nachweisbar. Pollutionen hat Patient nie. Wenn er Träume mit sexuellem Inhalte hat, so bewegen sich dieselben meist nur um Onanie oder Manustupration von Seiten eines Weibes; doch träumt ihm auch zuweilen, dass er den Coit. norm. ausübe. Der Appetit ist gering, Stuhlgang unregelmässig.

Es besteht intensiver Kopfdruck, welcher ihn fast nie verlässt. Fast alle 8 Tage, insbesondere nach masturbatorischen Excessen, heftige Anfälle von Migräne. Myosalgieen am Serratus antic. und Pector. major. Patellarreflexe stark gesteigert, Pupillen weit, etwas träge reagirend. Herztöne rein, nicht ganz rhythmisch, indem oft nach ca. 30—35 Schlägen eine Pause in der Zeitdauer von 2—3 Pulsschlägen eintritt, dann erfolgen einige beschleunigte Herzcontractionen. Die Differenz zwischen der Pulsfrequenz im In- und Exspirium ist eine besonders auffällige. Keine Geräusche, keine abnorme Dämpfung. Ueber der linken Lungenspitze verlängertes Exspirium, über der rechten Exspirat. m. gr. bl. Rasseln und leichte Schallverkürzung. Gegenwärtig soll 2—3mal der Woche Masturbation betrieben werden.

Es erfolgt Einleitung einer mit Ueberernährung verbundenen antineurasthenischen Cur, und ungefähr 3 Wochen nach Beginn derselben und nach anhaltender Abstinenz von Masturbation ist bereits eine erhebliche subjective und objective Besserung zu constatiren. Nun wird auch die Suggestivbehandlung eingeleitet. Bereits in der 5. Sitzung kommt Patient in entsprechend tiefes Engourdissement. In diesem werden nun vor allem Aufträge contra masturbationem ertheilt. Im weiteren Verlaufe der hypnotischen Behandlung vertieft sich das Engourdissement, so dass Suggestionen bezüglich kräftiger Erectionen und des Coit. norm. beigefügt werden können. Patient hat sich mehr als 3 Monate in Behandlung befunden, bevor demselben bei ziemlich intensiver Libido der Versuch eines Coitus gestattet wurde. Vor demselben wird die letzte Suggestivsitzung vorgenommen und Patient angewiesen, unmittelbar vorher 3,0 Natr. brom. zu nehmen. Der Coitus gelang, allerdings nachdem erst post manipulationes multas entsprechende Erection eingetreten war. Dabei vollkommenes Wollustgefühl.

Die Behandlung wird in derselben Weise noch durch mehrere Wochen fortgesetzt; es traten keine Pollutionen auf. Der abermals bei intensiver Libido ausgeübte zweite Coitus gelang auch wesentlich besser. Das übrige Befinden ist ein sehr gutes. Patient hat im Laufe der Behandlung um mehrere Kilo zugenommen. 1 Jahr, nachdem er sich der Behandlung entzogen hatte, ist er noch von Masturbation vollkommen frei, und hat in dieser Zeit wiederholte Cohabitationen ausgeführt, so dass er mit seiner Potenz vollkommen zufrieden ist.

Beobachtung 14. Temporäre psychische Impotenz. Erethismus genit. et cerebralis. Hypnose. Heilung.

E. G., 36 Jahre alter Beamter.

Der Vater des Patienten litt während einer Dauer von etwa 3 Monaten an schwerer Dysthymie, eine Schwester ebenfalls, jedoch an einer leichteren Form. Beide wurden geheilt. Patient selbst hat mehrere acute Krankheiten durchgemacht, von Seiten seines Nervensystems aber niemals pathologische Erscheinungen geboten. Masturbation in der Jugend 2 oder 3 Jahre hindurch. Später hat Patient in unregelmässiger, aber sehr häufiger Weise den Coitus ausgeführt. Seit 7 Jahren verheirathet ist er Vater eines vollkommen gesunden Kindes von 5 Jahren. Vor 3 Jahren bemerkte er zum erstenmal ohne vorhergegangene Excesse eine mangelhafte Erection und tardive, nur nach grossen Anstrengungen zu erzielende Ejaculation. Dieser Zustand hielt mehrere Monate an und verursachte ihm intensive Aufregung, nebst grosser Besorgniss wegen seiner Potenz. Dann ging derselbe vorüber, um etwa nach einem halben Jahre wieder zu beginnen. Gegenwärtig besteht derselbe in hohem Masse, so dass sich Patient für vollkommen impotent hält und unter dieser Vorstellung schwer leidet. Was ihm jedoch noch viel quälender ist, das ist der Umstand, dass sich seine Gedanken beständig um die sexuelle Sphäre drehen. Er hat die Empfindung eines eigenthümlichen Ziehens, welches von den Testikeln seinen Ausgang nimmt und längs der Samenstränge sich ausbreitet, ferner ein eigenthümliches Prickeln, welches ihn unablässig an die Existenz seiner Genitalien erinnert. Als ethisch sehr empfindsamer Mensch leide er unter diesen Sensationen ganz unsagbar. Dieselben, in Verbindung mit dem Bewusstsein impotent zu sein, rauben ihm den Schlaf und vergällen ihm derart das Leben, dass er der Verzweiflung nahe sich fühle. Er habe die Empfindung, dass er einem fremden Weibe gegenüber nicht impotent wäre, doch halten ihn seine Grundsätze davon ab, einen solchen Versuch zu machen. In der letzten Zeit treten 1—2mal der Woche Pollutionen auf unter Träumen gelungener Cohabitation. Sonst erinnert er sich aber seit Monaten nicht, eine Erection gehabt zu haben. Sein Schlaf ist infolge aller dieser Aufregungen, welche durch immer wiederholte Versuche, den Beischlaf zu erzwingen, gesteigert werden, ein äusserst schlechter. Sein Appetit liegt vollkommen darnieder.

Stuhlgang regelmässig. An Kopfschmerzen leide Patient nicht, dagegen treten von Zeit zu Zeit, wenn ihn das Bewusstsein seiner traurigen Lage erfasst, wahre Verzweiflungsanfälle auf, so dass er schon öfter daran gedacht habe, seinem Leben ein Ende zu machen und sich dies für den Fall, dass seine Behandlung nicht gelingt, fest vorgenommen hat, trotzdem er bis dahin ein glückliches Eheleben geführt und infolge seiner günstigen materiellen Verhältnisse das Leben noch offen vor sich habe. Der objective Befund ergibt nebst einer mässigen linksseitigen Scrotalhernie eine leichte Verdickung des rechten Nebenhodenkopfes; doch erinnert sich Patient nicht, jemals eine Urethritis gehabt zu haben. Trotz des vollkommen negativen physikalischen Befundes an den Lungen wird das Sputum des Patienten untersucht. Jedoch 2malige Färbung auf Tuberkelbacillen ergibt negatives Resultat. In allen anderen Organen normaler Befund. Hochgradig gesteigerte Patellarreflexe, ziemlich intensiver Tremor der Hände. Blasse Gesichtsfarbe. Anämisch-kachektisches Aussehen. Patient hat an Körpergewicht fast 8 kg verloren. Das psychische Verhalten bis auf die augenfällige Gemüthsdepression vollkommen normal.

Einleitung einer energischen, allen besprochenen Umständen Rechnung tragenden antineurasthenischen Behandlung, welche nach mehrwöchentlichem consequenten Gebrauch aller zweckentsprechenden Mittel noch keinen Erfolg aufweist. Nach ungefähr 4wöchentlicher Behandlung tritt eines Tages plötzlich ein Anfall auf, bei welchem Patient unter vollkommen erhaltenem Bewusstsein von krampfhaftem Weinen und Schluchzen ergriffen wird. Erst nach fast 2stündigen Bemühungen tritt Beruhigung ein. Zuspruch, Aufmunterung, Waschungen, Brom in dosi plena erwiesen sich als wirkungslos. Während der ganzen Dauer dieses Anfalls musste Patient strenge bewacht werden, weil er sonst zweifellos ein Tentamen suicidii ausgeübt hätte. Da alle anderen Massnahmen nach 2stündigen Bemühungen erfolglos waren, wurde eine ziemlich starke Morphiuminjection gemacht. Hierauf erfolgte mehrstündiger tiefer Schlaf. Am anderen Tage ziemlich beträchtlicher Morphiumkatzenjammer, allein die Gemüthsstimmung war besser. Von da ab wurde nebst der bis dahin angewandten antineurasthenischen Cur auch noch die Psychrophorbehandlung begonnen. Allmälig nur liessen die neurasthenischen Beschwerden nach und auch die Gemüthsstimmung besserte sich, was hauptsächlich dem Umstande zuzu-

schreiben war, dass Patient bald nach Beginn der Kühlsonden-
anwendung anfangs schwächere, dann aber kräftige Erectionen bekam.
Dies hob die Zuversicht des Patienten in hohem Grade. Nach
mehrmonatlicher Behandlung Beginn einer hypnotisch-suggestiven
Beeinflussung. Es gelang relativ leicht, den Patienten in mitteltiefes
Engourdissement zu versetzen. Die Suggestivaufträge wendeten sich
sogleich gegen die Ueberzeugung impotent zu sein. Nach circa
20 Sitzungen erfolgte die Rückkehr des Patienten in seine Heimath.
Der Coitus matrimonialis gelang sofort und anstandslos (vorher wurde
Patient angewiesen 3,0 Natr. brom. zu nehmen). Vollkommene
Euphorie und ungestörte sexuelle Functionen durch fast ein ganzes
Jahr. Dann aber Recidive der Dysthymie und neuerliches Sinken
und Schwinden der Potenz. Es erfolgte nun die Wiederaufnahme
der Behandlung und der Suggestivbeeinflussung. Nach 10wöchent-
licher Dauer abermals günstiger Erfolg, welcher jetzt noch nach
einer Zeitdauer von 2 Jahren anhält. Patient schreibt, nachdem
er sich mit seinem körperlichen Befinden als zufrieden erklärt,
„manchmal überkommt mich, wenn die Erectionen nicht genügend
stark sind, wieder der Gedanke, dass ich impotent bin. Ich erinnere mich dann aber jedesmal an die Aufträge in der Hypnose,
und wenn das nicht hinreicht, um mich zu beruhigen, nehme ich
die mir verschriebenen Tropfen, was immer einen günstigen Erfolg
hat. Ich halte mich auch genau daran, blos 1mal, höchstens 2mal
der Woche den Coitus auszuüben . . .“

Die im Schreiben des Patienten erwähnten Tropfen enthielten
Tet. valer. aether. mit geringer Zugabe von Cocaïn.

d) Fälle von psychosexualer Hermaphrodisie.

Beobachtung 15. Psychische Hermaphrodisie. Hypnose.
Besserung.

L. M., 32 Jahre alt, Gelehrter.

Patient stammt aus gesunder Familie. Der Vater starb an
Lungenentzündung, die Mutter, sowie eine Schwester leben und
sind gesund. Letztere ist verheirathet und hat gesunde Kinder.
Er selbst hat verschiedene Erkrankungen durchgemacht, ist aber
seit 10 Jahren bis auf zeitweise auftretende Kopfschmerzen vollkommen gesund gewesen. Seine ersten sexuellen Erregungen ver-

legt er in das 14. Lebensjahr. Er erinnert sich, dass ihm zu
allererst männliche Individuen und zwar robuste, musculöse Gestalten Erwachsener unklare, aber angenehme sexuelle Empfindungen
verursachten. Bei ihrem Anblicke bekam er Erectionen, Onanie
hat er niemals betrieben. Mit 18 Jahren machte er einen Coitusversuch cum femina, welcher aber wegen mangelnder Libido misslang. Ebenso blieben wiederholte Versuche in den darauf folgenden
4 Jahren vergeblich, obwohl er dem Weibe gegenüber eine zumindest ebenso ausgesprochene Geschlechtsempfindung hatte, wie
gegenüber den erwähnten männlichen Individuen. Im Alter von
23 Jahren fand er ein besonders sympathisches Weib, mit welchem
der Coitus unter lebhafter Wollustempfindung gelang und regelmässig ausgeübt wurde. Nachdem er dieses Weib wieder verlor,
fand er keinen passenden Ersatz. Es stellten sich häufigere Pollutionen ein, und sind seine Pollutionsträume immer conträren
Inhaltes.

Gegenwärtig hat Patient eine ausgesprochene Libido Männern
gegenüber aus niedriger Gesellschaftsklasse, robusten, starken Individuen, die, ziemlich verwahrlost, mit halb entblösstem, musculösem
Körper, wie etwa Feldarbeiter, auch im Traume Pollutionen bei
ihm erzeugen können. Pollutionen mit weiblichem Trauminhalte
hat er nie gehabt.

In der letzten Zeit keine Pollutionen, weil regelmässiger Verkehr mit einem und demselben Weibe. Bis zur Erregung der
Libido dauert es lange. Ist dieselbe einmal vorhanden, dann geht
es normal vor sich, d. h. mit Wollustgefühl. Er hat die Empfindung, dass es bei einem Manne besser ginge. De facto ist er
weder activ noch passiv jemals mit einem Manne in Berührung
gekommen und hat niemals onanirt. Kein Potus, kein Raucher.
Schlaf oft gestört und unruhig, wenig ausgiebig. Oft Herzklopfen.
Appetit gut, aber Patient kann nur wenig auf einmal essen. Stuhl
eher angehalten.

Mesocephaler Schädelbau, schlanker, graciler Körper. Erster
Herzton nicht ganz rein, sonst normaler Organbefund. Genitalien
und Haarwuchs normal. Psoriasis vulgaris in Plaques am Kopfe,
Stamme und Streckseiten der Extremitäten. Patellarreflexe gesteigert. Psychisch ganz normal. Therapie wie sonst gegen Neurasthenie und Hypnose, mitteltiefes Engourdissement. Nach 14 Tagen
Träume ohne männlichen Inhalt (mit Pollutionen). Tagsüber ge-

schlechtlich indifferent. Alle männlichen Bilder bleiben auch im Traume und bei Pollutionen unterdrückt. In wachem Zustande beginnt sich Abneigung gegen den conträren Verkehr zu äussern.

Beobachtung 16. Psychische Hermaphrodisie in der Jugend; Verschwinden der heterosexuellen und Bekräftigung der normalen Empfindungen. Sadismus. Hypnose. Besserung.

G. G., 30 Jahre alt, Advocat.

Hereditäre Belastung des Patienten ist fraglich. Er hat keine schwereren Erkrankungen durchgemacht. Den Beginn geschlechtlicher Regungen verlegt er in das 10.—11. Lebensjahr. Er wurde frühzeitig ins Theater geführt und schwärmte für Weiber in Hosenrollen, gleichzeitig aber für Männer mit vollen, mehr weiblichen Formen. Bei Weibern erregten die Mammae, bei Männern die Nates seine Libido. Im Alter zwischen 12 und 14 Jahren bekam er Flagellationsgelüste zu diesen Theilen. Zu dieser Zeit kam er in eine Erziehungsanstalt, wo er mit Altersgenossen gleichen Geschlechtes lebte. Hier begann sich eine entschiedene Vorliebe für das Männliche auszubilden. Die Körperformen seiner Kameraden, speciell aber die Nates wirkten dauernd erogen. Am weiblichen Körper verlor er jeden Geschmack und mied auch den Verkehr mit Personen des anderen Geschlechtes. Aus Anlass einer Zeichnung, welche er zufällig zu Gesicht bekam, kehrten seine Flagellationsgelüste wieder, wendeten sich aber dem weiblichen Geschlechte zu. Er sagt darüber: „Ich stellte mir vor, dass ein junges Mädchen entblösst und gepeitscht werde. Das hatte eine ganz besonders aufregende Wirkung auf meine Wollust, von dem Augenblicke an, wo ich ein solches Bild gesehen habe. Mit solchen Gedanken onanirte ich oder es kam auch vor, dass ich davon träumte und eine Pollution bekommen habe." Kurze Zeit darauf fasste Patient eine heftige Neigung zu einem seiner Kameraden. Die sexuell wirksamen weiblich-sadistischen Vorstellungen traten nun wieder in den Hintergrund, und über die Neigung zu dem einen Freunde vergass er alle anderen sexuellen Beziehungen. Küsse und Umarmungen desselben Jungen provocirten Erectionen, Reminiscenzen daran Onanie und Pollutionen, zu mutueller Indagation kam es aber nicht. Von dieser Zeit an hat Patient am weiblichen Körper. selbst mit Supposition der einst cultivirten sadistischen Gedanken keinen Gefallen mehr gehabt. Der Coitus cum femina wurde nie versucht. Gegenwärtig besteht in ausgesprochener Weise conträre Sexualempfindung, indem ihn Männer von sympathischem Aussehen intensiv erregen. Blosse Berührung und Umarmung würde zur Ejaculation jetzt nicht hinreichen. Er erwünscht sich den activen Theil beim Coitus ad nates. Sadistische Empfindungen sind gering, bewegen sich aber tagsüber nur um Männer. Er träumt jedoch auch von Geisselscenen an Weibern, allerdings seltener als von Männern, und hat in wachem Zustande bei sadistischen Scenen dem Weibe gegenüber absolut keine sexuelle Empfindung. Bei der durch Lectüre etc. oder spontan reproducirten Erinnerung an derartige Scenen supponirt er unter Wollust nur Männer. Horror feminae ist angedeutet, aber nicht ausgesprochen. Wenn jemals, meint er, einen Coitus cum femina solum a tergo ne videat nudas feminae formas ausführen zu können.

Es folgen nunmehr noch eine Reihe von schweren nervösen Störungen, über welche Patient zu klagen hat. Allen voran stehen Herzklopfen und Oppressionen, ferner vasomotorische Störungen (Erröthen) etc. Der objective Befund zeigt Patienten als gracil, schmächtig gebaut, von knabenhaftem Aussehen, fast fehlendem Bartwuchse, lanugoartiger Behaarung der Pubes. Er trägt ein äusserst verschüchtertes, scheues Wesen zu Schau, erröthet unaufhörlich bis über die Ohren. Der Organbefund ist normal, bis auf eine auffallende Beschleunigung der Herzaction und beträchtliche Differenz der Pulszahl im In- und Exspirium.

Die Therapie wendet sich mit allen zu Gebote stehenden Mitteln selbstredend zunächst gegen psychische und effective Onanie. Nach wenigen Wochen lässt sich eine Abnahme der Libido constatiren, es sind weder Tages- noch Nachtspollutionen eingetreten, und dementsprechend hat sich das Allgemeinbefinden gehoben. In tiefem Engourdissement werden Suggestionen pro femina ertheilt. Nach 7wöchentlicher Behandlung gelingt Coitus (mit sadistischen Vorstellungen).

Beobachtung 17. Psychische Hermaphrodisie. Masturbation. Neurasthenie. Suggestivbehandlung. Heilung.

A. F., 22jähriger Student.

Stammt aus nervös belasteter Familie. Vater war Potator. Eine Schwester ist geisteskrank. Patient selbst war öfter krank, doch bezogen sich diese Erkrankungen nie auf sein centrales Nervensystem. Onanie wird seit Kindheit betrieben. Mit 17 Jahren erster Coitus, welcher vollkommen gelang. Patient gibt an, dass seit seiner Jugend und soweit seine Erinnerung reiche, sowohl sympathische Männer- als Frauengestalten seine Libido erregen. Insbesondere treten in der letzten Zeit Träume sowohl als Pollutionen im Schlafe mit ausgesprochenem männlichen Trauminhalte auf. Er bemühe sich, durch oftmalige Ausübung des Coitus die sexuellen Empfindungen für Männer zurückzudrängen. Nachdem ihm jedoch die Ausübung des Beischlafes in regelmässiger Weise nicht möglich sei, treten von Zeit zu Zeit immer wieder beim Anblicke ihm sympathischer Männergestalten die entsprechenden Erregungen ein, welche ihn zur Masturbation verleiten. Diese letztere wurde in frühzeitigem Kindesalter motu proprio begonnen und wird noch heute fortgesetzt. Patient klagt, dass die Perversitäten seines Triebes, deren er sich vollkommen bewusst sei, ihm ausserordentliche Unannehmlichkeiten bereiten. Er fühle sich in Männergesellschaft unter dem Bewusstsein seiner krankhaften Veranlagung äusserst befangen, meide dieselbe, was ihm den Ruf eines Sonderlings eingetragen u. s. w. Wohl fühlt er sich nur in gemischter Gesellschaft oder im Verkehr mit Personen weiblichen Geschlechtes. Ausserdem besteht eine Reihe von Beschwerden, welche als ausgesprochen neurasthenisch bezeichnet werden müssen. Patient klagt über häufige Kopfschmerzen, Unfähigkeit zu geistiger Thätigkeit, indem er beim Lesen und Schreiben schnell ermüdet. Zittern der Hände. Unmotivirte Schweissausbrüche. Ganz besonders unangenehm sei es ihm, dass er in Gesellschaft in ganz unmotivirter Weise erröthen müsse, ein Zustand, der ihm ausserordentlich peinlich sei, weil er glaube, dass dadurch sein ängstlich gehütetes Geheimniss selbst verrathen werde. Es sei dies mit ein Grund, warum er die Gesellschaft meiden müsse, namentlich solche, in welchen sich Altersgenossen befinden, deren sympathische Erscheinungen ihn sexuell erregen. Trotz des Bewusstseins der schädlichen und nachtheiligen Folgen könne er sich nicht enthalten, zu masturbiren. Activen oder passiven Umgang mit Männern habe er niemals ausgeübt.

Die objective Untersuchung ergibt: Patient von gracilem Körperbau, gering entwickelter Musculatur und sehr mager. Potus und venerische Infection werden negirt. Herz- und Lungenbefund ist normal. Patellarreflexe hochgradig gesteigert. Pupillen sehr weit. Habitus männlich. Genitalbefund normal. Psychisches Verhalten intact. Es erfolgt die Aufnahme in die Anstalt und Einleitung entsprechender Behandlung (vide allgemeiner Theil). Patient erweist sich für hypnotisch-suggestive Behandlung als sehr empfänglich. Mit grosser Befriedigung constatirt er bereits nach 14tägigem Aufenthalt in der Anstalt das Auftreten von Träumen und Traumgestalten von ausgesprochen weiblichem Inhalt. Der Erfolg in diesem Fall ist ein vollkommener, da es gelingt, dem Patienten einen entschiedenen Horror virorum zu suggeriren. Nach einjähriger Beobachtung, in welcher Zeit gar keine Symptome der früheren perversen Neigungen aufgetreten sind, kann der Patient als vollkommen geheilt bezeichnet werden.

Beobachtung 18. Psychische Hermaphrodisie. Suggestivbehandlung, Heilung.

B. T., 27jähriger Arzt.

Stammt aus schwer belasteter Familie, mehrere Irrsinnsfälle sowie schwere Neurosen in seiner nächsten Verwandtschaft. Er selbst hat mehrere schwere Krankheiten mitgemacht, vor 10 Jahren Gonorrhöe, vor 6 Jahren Lues mit nachfolgender Schmiercur. Patient ist sehr kräftig gebaut, von durchaus männlichem Habitus. Die ersten sexuellen Empfindungen verlegt er in das 11. Lebensjahr. Damals begann Onanie, zu welcher er verführt wurde, und die anfangs blos eine sexuell inhaltlose Spielerei gewesen sein soll. Im 13. Lebensjahre erinnert er sich genau, zunächst am nackten männlichen Körper sexuelles Gefallen gefunden zu haben. Wiederholte mutuelle Onanie mit Altersgenossen. Im 16. Lebensjahre wiederholte Coitusversuche mit Weibern. Dieselben waren abwechselnd von Erfolg begleitet und nicht, letzteres wegen geringer Errection. Doch soll seit dem 16. Jahre keine Onanie mehr betrieben worden sein. Zu dieser Zeit Gonorrhöe, mit nachfolgender Epididymitis. Durch sympathische Männergestalten wird Patient sexuell erregt. Neigung zum Coitus inter femora vorhanden. Allein vor weiblichem Geschlechte kein Horror. Trotzdem wäre ihm Coitus c. viro befriedigender. Hat niemals einen solchen ausgeübt. Wollustempfindung beim Coitus naturalis gering. An Pollutionen leidet er nicht. Dagegen ziemlich beträchtliche Dys-

thynie, Kopfschmerzen, schlechter Schlaf, Träume männlichen Inhaltes. Solche mit weiblichem Inhalte kommen nicht vor. Therapie: Milde hydriatische Behandlung. Suggestion. Nach ca. 30 Suggestivsitzungen Zurückdrängung der conträren Sexualempfindungen
gesteigerte Wollustempfindung beim Coitus cum femina (mitteltiefes Engourdissement).

Ein Jahr später hat Patient geheirathet. Coitus vollkommen
normal. Männliche Libido nur spurenweise vorhanden. Nach halb-
jähriger Ehe keine Träume conträren Inhaltes mehr. Alle neurasthenischen Symptome geschwunden. Zu eigener Beruhigung verlangt Patient noch einige Suggestionen, die ertheilt werden.

e) Fälle von conträrer (homosexualer) Geschlechtsempfindung.

Beobachtung 19. Conträre Sexualempfindung. Hypnose.
Besserung.

S., 32 Jahre alt, Techniker.

Patient versichert, aus unbelasteter Familie zu stammen. Er
ist aber ein eigenartiger neuropathischer Mensch, jedoch ohne De-
generationszeichen. Er hält seine conträre Sexualempfindung für
erworben. Auffällig ist aber, dass er schon als kleiner Junge sich
zu Männern, besonders Militärs hingezogen fühlte. Von schwereren
Krankheiten blieb er verschont. Erst mit 16 Jahren regte sich
seine Vita sexualis. Er ergab sich der Masturbation, der er bis
auf die jüngste Zeit fröhnte. Gegen das schöne Geschlecht war er
nicht unempfindlich. Zu Annäherungen an dasselbe fehlte jedoch
die Gelegenheit. Gelegentliche erotische Träume hatten ausschliesslich Frauenspersonen zum Inhalte. Als Student versuchte er einmal, bezecht, den Coitus, ejaculirte zu früh, fühlte sich nicht befriedigt und unterliess weitere Versuche. Auf der Hochschule
(Technik) war er ein flotter Student gewesen. Seit 3 Jahren bemerkte er, dass ihm Frauenzimmer immer gleichgültiger wurden,
dafür zogen ihn Männer an, und als er einmal der Genitalien eines
solchen ansichtig wurde, traten Erection, Orgasmus und Drang, mit
dem Manne sexuell zu verkehren, auf. Unter zunehmenden Erscheinungen von Neurasthenia ex masturbatione wuchs das Inter-

esse für das eigene Geschlecht. Vor 1½ Jahren, als er mit einem Freunde eine kleine Reise machte, kam es zu mutueller Onanie, der einzigen Art und Weise, wie sich Patient den homosexuellen Verkehr vorstellt und erwünscht. Er fing an, über diese sexuelle Verirrung nachzudenken und über seine Zukunft besorgt zu werden. Er gelangte zu der Erkenntniss, dass er sich wieder dem Weibe zuwenden müsse. Ein versuchter Coitus cum femina vor 3 Monaten missglückte total. Er war bestürzt, suchte nach Aufklärung, gelangte zur Lectüre von v. Krafft-Ebing's Psychopathia sexualis, gerieth in Verzweiflung, sah nur noch ein Leben voll Schande und Unglück voraus und consultirte Herrn Hofrath v. Krafft-Ebing in grösster Aufregung.

S. ist ein intelligenter, aber offenbar in seinem geistigen Wesen eigenartiger excentrischer Mensch. Er bietet eine durchaus männliche Erscheinung. Die Genitalien sind vollkommen normal. Seit ca. 4 Wochen treten häufig erotische homosexuelle Träume auf, die er früher nie gehabt hat. Es gelingt, des Patienten Vertrauen zu gewinnen und die Hoffnung für eine bessere Zukunft in ihm zu erwecken. Die Suggestivbehandlung wird eingeleitet, es wird tiefes Engourdissement bei dem Versuche der Hypnose erreicht. Patient zeigt grosse Suggestibilität. Die ertheilten Suggestionen sind vornehmlich contra masturbationem, ferner „Männer zu meiden und ausschliesslich das Weib schön und begehrenswerth zu finden". Schon von der vierten Sitzung ab tritt Indifferenz gegen den Mann und Neigung zum Weibe ein. Nach relativ sehr kurzer Behandlungsdauer und wenigen ferneren hypnotischen Suggestivsitzungen erklärt Patient, wegen seiner Zukunft vollkommen beruhigt zu sein und ärztlicher Hilfe nicht mehr zu bedürfen.

Beobachtung 20. Conträre Sexualempfindung. Wachsuggestionen. Heilung.

E. E., 18 Jahre alter Schüler.

Patient stammt angeblich aus unbelasteter Familie; er soll aber von Kindesbeinen auf nervös, schwächlich, zart, schlaff und ganz anders gewesen sein als seine Geschwister, entwickelte sich zum Näscher, neigte zum Bummeln, trotz vorzüglicher Erziehung. Eines Tages wurde die hochachtbare Familie erschreckt durch einen Erpresser, mit dem Patient sich eingelassen hatte und der mit einer Anzeige bei den Behörden wegen widernatürlicher Unzucht drohte. Thatsächlich hatte E. E. mit jenem Menschen, aber seit 3 Jahren auch mit anderen aus der Hefe des Volkes sexuellen Verkehr in Gestalt mutueller Masturbation getrieben. Patient wurde zu Herrn Hofrath v. Krafft-Ebing gebracht, legte ihm ein reuiges Geständnis seiner sexuellen Verirrungen ab. Er behauptet, schon mit 12 Jahren homosexuelle Regungen empfunden zu haben. Er habe für junge Männer geschwärmt und zwar für solche mit dunklem Auge, er habe Sehnsucht empfunden, sie zu küssen, zu umarmen. Mit 13 Jahren habe ihn ein Cousin zur Onanie verführt. Er habe sich dabei weiter nichts gedacht und diesem Laster nicht besonders häufig gefröhnt, da er nicht sehr sinnlich angelegt sei. Vom 15. Jahre ab begannen Pollutionen. Die sie begleitenden Träume drehten sich um Männerumarmungen. Allmälig bemerkte er auch, dass ihm junge Mädchen nicht unsympathisch waren, viel mächtiger trieb es ihn aber in die Arme von jungen, etwa 20—30jährigen Männern; obwohl er sich allmälig der Ungebührlichkeit und Unnatürlichkeit dieser Neigungen bewusst wurde, konnte er nicht widerstehen, und fand er in der Grossstadt bald und reichliche Gelegenheit hiefür. Er fühlte sich zu Männern mit dunklem Auge unwiderstehlich hingezogen und meint, solche könnten mit ihm machen, was sie wollten.

E. E. ist ein grosser, kräftiger Junge mit sehr entwickeltem Genitale. Er bietet keine Anzeichen für Neurasthenie, gesteht die Ausübung der Masturbation bis auf die neueste Zeit zu, besitzt anfangs kein rechtes Verständniss für den Ernst der Situation, fügt sich aber willig in alle getroffenen Anordnungen.

Die in Anwendung gebrachte moralische und diätetische Behandlung in der Anstalt weist nach mehreren Monaten einen sichtlichen Erfolg auf. Unterstützt durch kräftige Wachsuggestionen in energischer Weise, entsprechende Lebensweise, kühle Bäder u. s. w. wird Patient von Masturbation frei, gewinnt sittlichen Halt, erkennt das Bedenkliche seiner früheren homosexuellen Neigungen und sucht von ihnen loszukommen. Dies gelingt auch allmälig. Seine Pollutionen sind nur mehr von heterosexualen Traumbildern begleitet, und Patient fängt an, in decidirter Weise Damen anzuschwärmen. Nach 6monatlicher Behandlung gewinnt man von dem Patienten den Eindruck eines gesunden, normal fühlenden Menschen. Das Verhalten des E. E. gab in der Folge zu keinen

Klagen mehr Anlass, und glauben die Angehörigen auch, dass er genesen sei.

Von dem klinischen Interesse dieses Falles abgesehen, stossen wir hier auf den Begriff des Erpresserthums. Wir müssen die Bedeutung dieses allerdings abseits des rein ärztlichen Gebietes liegenden Umstandes in vielen Fällen würdigen, um in das Gemüthsleben manches unserer Patienten vollen Einblick zu gewinnen. In seinem Werke „Conträre Sexualempfindung" *) widmet Moll dem nichtswürdigen Treiben derartiger verkommener Subjecte eine eingehende Besprechung. Mit vollem Rechte nennt Moll die Erpressung ein Damoklesschwert, welches über dem Haupte des Conträrsexualen schwebt. Dieser treffende Ausspruch weist aber schon darauf hin, dass der Arzt, welcher seinem Patienten nützen und helfen will, nicht selten erst das drohende Gespenst dieser Sorge von seinem Kranken abwehren muss. Solange unsere Gesetze nicht anders geartet und dem psychiatrischen Postulate Rechnung tragend werden, solange ist auch die Furcht des betreffenden Kranken vor diesen Hyänen keineswegs unbegründet.

Dem gequälten Gemüthe eines Kindes, welches wie in dem vorliegenden Falle schliesslich ein reumüthiges Geständniss ablegt, werden vernünftige Eltern Ruhe schaffen, und wenn es sich um Erwachsene handelt, welche in eine solche Falle gerathen sind, so muss sich der Arzt als Helfer und Freund erweisen, um unter Umständen mit Hilfe eines Rechtsanwaltes seinem Patienten vor allem die Ruhe des Gemüthes wieder zu geben. Dazu muss aber der Alp einer ähnlichen Sorge von dem Kranken genommen werden, wenn sonst eine Behandlung, deren Hauptstärke in dem psychagogischen Theile derselben liegt, zu einem gedeiblichen Resultate führen soll.

Man darf nicht denken, dass das Erpresserthum nur dort vorkommt, wo sich der Erpresser hinter das Gesetz versteckt und mit behördlichen Anzeigen droht. In Frankreich z. B. ist der mann-männliche Geschlechtsverkehr frei gegeben und doch sind die Erpressungen dort nicht selten (Moll l. c.), weil auch die sociale Rücksicht dem Erpresser eine Handhabe bietet, sein Opfer zu schnüren, und vielleicht manches Mal eine noch intensivere, als die Berufung auf das Strafgesetz.

---

*) Moll, Conträre Sexualempfindung, 1899, p. 254 u. f.

Beobachtung 21. Conträre Sexualempfindung. Hypnose. Ungeheilt.

Z., 25 Jahre alter Privatbeamter.

Patient stammt von einem Vater, der an „Gehirnerweichung" mit 48 Jahren starb, und einer höchst neuropathischen Mutter. Seine zwei einzigen Schwestern sind psychisch und sexuell normal. Er war von Kindheit an nervös, fühlte sich mit 10 Jahren zu Männern hingezogen, trieb mit Vorliebe Mädchenspiele, interessirte sich für weiblichen Tand und Putz, war timid, unselbstständig, von mehr weiblicher Empfindungs- und Denkungsweise. Er bot schon mit 11 Jahren sexuelle Regungen, gelangte ohne Verführung zu Onanie, fühlte sich vom weiblichen Geschlechte abgestossen, zum eigenen hingezogen. Er empfand zärtliche Freundschaft für Kameraden, später für Erwachsene. Er erkannte frühzeitig das Krankhafte solcher Neigung, war wegen seiner Zukunft besorgt, aber tröstete sich mit der Hoffnung, es werde alles gut werden, und sich die Neigung zum Weibe in der Ehe, welche er einzugehen beabsichtigte, von selbst finden. Mit 23 Jahren erhielt er durch die Lectüre von v. Krafft-Ebing's „Psychopathia sexualis" vollkommene Aufklärung, und versuchte dann wenn möglich eine Sanierung seiner Vita sexualis zu erzielen. Bisher hat Patient weder mit einem Manne noch mit einem Weibe geschlechtlich zu verkehren gesucht.

Z. bietet das typische Bild eines Homosexualen. Seine Genitalien sind normal entwickelt, die secundären Geschlechtscharaktere durchaus männlich. Es besteht ein geringer Grad von Neurasthenie.

Die Therapie wird in der gewöhnlichen Weise durch Abstellen der Masturbation und Bekämpfung der Neurasthenie eingeleitet, die Suggestivbehandlung der homosexuellen Anomalie versucht. Trotz aller aufgebotenen Anstrengungen war jedoch der Erfolg der Therapie in diesem Falle ein negativer.

Beobachtung 22. Conträre Sexualempfindung. Gegen suggestive Beeinflussung refractär. Ungeheilt.

R. L., 30 Jahre alt, Lehrer.

Patient stammt von gesunden Eltern, welche beide noch leben. Doch sollen in der Familie der Mutter mehrere Fälle von Geistes-

krankheit vorgekommen sein. Seine Geschwister sind sämmtlich
verheirathet, sollen gesunde Kinder haben. Ernstere Krankheiten
hat er nie durchgemacht, litt aber schon als Kind sowie jetzt noch
an oft wiederkehrenden Kopfschmerzen, ohne Ueblichkeiten, mit
wechselndem Sitze, bald in der Stirne, bald im Hinterkopf. Er
verträgt absolut keine geistigen Getränke, nach deren zeitweisem
Genusse regelmässig heftige Kopfschmerzen eintreten. Dieselben
können auch mehrere Tage anhalten. Sonstige Beschwerden hat
Patient nicht. Die objective Untersuchung ergibt einen schlechten
Ernährungsstatus des sonst gesunden, kräftigen und durchaus
männliches Aussehen aufweisenden Mannes.

Ueber seine Vita sexualis macht Patient folgende Angaben:
Seine geschlechtlichen Empfindungen machten sich zum erstenmale
im Alter von 10 Jahren bemerkbar. Er wurde in der Schwimm-
schule, wo er mit einem Altersgenossen eine Cabine theilte, zu
mutueller Manustupration verführt. Er fand in derartigen Mani-
pulationen grossen Gefallen und eine stattliche Anzahl stets williger
Consorten. Er lernte alsbald, auch wenn solche gerade nicht bei
der Hand waren, allein zu onaniren, wobei er aber die ihm ver-
trauten Gestalten seiner sonstigen Genossen sich reproducirte. Zu
der sexuellen Bethätigung wurde er leichter verleitet, wenn ihm
einer oder der andere seiner Kameraden besonders lieb war. Einmal wurde er mit einem solchen erwischt, hart bestraft und liess
die Sache mehrere Monate gehen. Dann aber verfiel er wieder in
seine Sünden, und ist dieses Laster bis heute nicht los geworden,
trotzdem er in späterem Alter wiederholte Versuche hiefür unter-
nahm.

Er schreibt nunmehr selber:

„Als ich in das Alter kam, wo ich vom Verkehre mit Weibern
durch meine Kameraden erfuhr, entschloss ich mich auch zu einem
solchen Versuche. Allein ich empfand nur Widerwillen und absolut keine Geschlechtslust. Die Scene war mir so unangenehm,
dass ich nie mehr mich dazu entschliessen konnte. Statt mit
Weibern übte ich den Beischlaf mit Männern aus, allerdings mit
jugendlichen, aber nicht zu jungen." (Es ist immer ein Coitus inter
femora; c. ad nates kennt er nicht). „Ich gestehe offen, dass mich
lediglich die Furcht vor einer Entdeckung und den strafrechtlichen
Folgen von der öfteren Befriedigung meines natürlichen Bedürfnisses
abhält, dasselbe öfter zu befriedigen. Ich bin überzeugt, da ich nun

einmal so veranlagt bin, dass es mir nicht schaden kann, mit
Männern Umgang zu haben; ich sehe das daraus, dass ich nach
Onanie oder Pollutionen immer sehr caput bin und Kopfschmerzen
bekomme, während das beim Verkehre niemals der Fall ist, im
Gegentheil, nach einem solchen fühle ich mich immer sehr erleich-
tert und wohl."

Die Ergänzung der Anamnese ergibt: Auf den Patienten wirken
blos Jünglinge erogen ein. Seine Rolle beim homosexuellen Verkehre muss immer die active sein. Die passive würde ihn nicht
befriedigen. Er hat den lebhaften Wunsch, einmal mit einem
heterosexuellen Manne, Nichturning, zu verkehren, was ihm viel ver-
lockender erscheint als mit einem Gleichgestimmten. Sadistische
und andere Gelüste liegen ihm ganz ferne. Bei der Annäherung
an ein weibliches Wesen tritt keine Erection ein; ein neuerlicher
Versuch würde ihm von vornherein zuwider sein. Bezüglich seiner
Behandlung ist es sein hauptsächlicher Wunsch, von seinen Kopfschmerzen befreit zu werden, auch wäre er sehr froh, wenn seine
Libido geringer würde. Jemals sexuell normal zu werden hofft er
nicht, und wenn es ihm sonst gut geht, wünscht er auch nichts
in dieser Beziehung.

Patient ist schwächlich gebaut, anämisch, schlecht genährt.
Auffallende Schädelform („Quadratschädel"), angewachsene Ohr-
läppchen. Genitalien klein, aber normal configurirt. Spermatozoen
vorhanden.

Es wird die gewöhnliche Behandlung eingeleitet, alle Mittel
zur Bekämpfung der Onanie ergriffen, zugleich auch der Psychrophor angewendet, um Pollutionen abzuhalten. Trotz aller Bemühungen und auch mit Wetterstrand'scher Nachhilfe gelingt
es nicht, ein genügend tiefes Engourdissement zu erzielen. Es
werden blos regelmässige wachsuggestive Sitzungen als Ersatz für
die Hypnose ausgeübt. Die Kopfschmerzen bessern sich, die Libido,
gibt Patient an, sei jedoch unvermindert.

Die Hoffnung, mehr zu leisten, therapeutisch, war in diesem
Falle von Anfang an sehr gering, insbesondere schon deshalb, weil
bei dem Patienten selbst der Wunsch nach einer Umkehr seiner
conträren Triebe nicht sehr intensiv ausgesprochen war, daher von
seiner Mithilfe nicht viel erwartet werden konnte. Dem erotisch
leicht erregbaren Manne wäre mit einem schon als sehr günstig
anzusehenden Resultate, einer sexuellen Indifferenz, auch nicht

gedient gewesen. Auch die Erzielung dieser scheiterte an der Un-
erreichbarkeit der Hypnose im Laufe der blos 4wöchentlichen Behandlung.

Beobachtung 23. Conträre Sexualempfindung. Masturbation. Hysteria virilis. Gegen suggestive Beeinflussung refractär.

D. V., 23 Jahre alt, Privater.

Patient stammt von schwer hysterischer Mutter, angeblich
gesundem Vater, war als Kind zwar immer zart, aber gesund. Als
einziger Sohn wohlgestellter Eltern genoss er eine äusserst sorgfältige Erziehung bei fast gänzlicher Vernachlässigung der körperlichen Ausbildung. Vom 7. Lebensjahre an Masturbatio strenua,
quotidiana. Er klagt über Schlaflosigkeit und Darmträgheit, zeitweise intensive Kopfschmerzen, fast beständigen Kopfdruck. Seine
Libido erregen blos männliche Individuen gleichen Alters von ihm
sympathischem Aeusseren. Seinen mast. Acten legt er die Vorstellung vom Coitus intra femora zu Grunde, doch hat er niemals
einen solchen ausgeübt.

In seinem 14., 17. und 20. Lebensjahre, sowie vor 3 Tagen
sollen grosse Krampfanfälle aufgetreten sein, jedesmal nach intensivem psychischen Trauma. Dieselben bestanden in Bewusstlosigkeit bis zu ¼ Stunde, Krämpfen, krampfhaftem Schluchzen und
Weinen. Darauf absolutes Bedürfniss nach Alleinsein, mehrstündiger Schlaf.

Objectiver Befund: Sehr zartes Individuum, graciler Knochenbau. Organbefund normal, Habitus männlich. Druckempfindlich-
keit beider Hypochondrien. Darmatonie (Scybala allenthalben tast-
bar). Psychisches Verhalten normal. Keine Sensibilitätsstörungen,
keine Einengung des Gesichtsfeldes. Der Kleidung und dem ganzen
Benehmen nach weibisches, empfindsames Individuum.

Therapie: Milde hydriatische Behandlung, allgemeine Körper-
waschungen, Halbbäder. Nach ca. 10 Tagen Versuch hypnotischer
Einwirkung. Nach 3maligem Versuche wird leichtes Engourdissement erreicht. Intensive Suggestionen vorerst blos contra masturbationem. Dieselben bleiben nicht haften. Die Onanie wird fortgesetzt. Nach ca. 4wöchentlichem Aufenthalte hier tritt bei der
Mutter des Patienten, welche sich trotz unseres entschiedenen
Widerrathens vom Sohne nicht trennen kann, ein hysterischer An-

fall ein. Derselbe besteht in Bewusstlosigkeit, welche momentan ein-
setzte, kataleptischer Starre, die mit Opisthotonus einhergeht, förm-
licher Arcus hystericus. Der Sohn war bei Eintritt des Anfalles
zugegen, wurde aber sofort weggewiesen. Ich constatirte bei der
Patientin eben die Wiederkehr des Bewusstseins, als ich zum Sohne
dringend gerufen werde. Derselbe lag ohne Bewusstsein auf der
Diele seines Zimmers, dabei hörte man gleich beim Eintritte das
Athmungsgeräusch des ausgesprochenen Laryngospasmus. Clonische
Zuckungen aller vier Extremitäten. Pupillen träge, aber deutlich
reagirend. Die bei der Mutter mit Erfolg angewendete Priese
Ammoniak versagt. Anlegung der faradischen Bürste im Nacken
und am Kehlkopfe. Das stridulöse Athmen sistirt sofort. Der
faradische Pinsel, an den Extremitäten angewendet, erweckt Patienten in wenigen Secunden. Hierauf 3,0 Brom mit 0,020 Codeïn:
anhaltendes Schluchzen, Weinen, Unzugänglichkeit. Nach 20 Minuten Beruhigung, Schlaf.

Diese nächtliche Scene bot keine Gelegenheit zu weiteren
anamnestischen Nachforschungen. Doch war die hysterische Natur
beider Anfälle ganz zweifellos; ebenso sicher nahm ich eine gemeinsame Ursache an. Tags darauf wurde dies auch bestätigt. Ein
intensives psychisches Trauma hatte beide betroffen und bestand
in einem mit heftigen Vorwürfen und Invectiven von beiden Seiten
einhergehenden Streite. Trotz des eindringlichsten Zuredens wollte
sich die Mutter vom Sohne nicht trennen. Somit war die absolute
Aussichtslosigkeit jeder weiteren Behandlung evident und erfolgte
in der That der Austritt des Patienten, nachdem noch durch
mehrere Wochen sowohl die hydriatischen und diätetischen Massnahmen fortgesetzt wurden, als auch wiederholte weitere Versuche
mit suggestiver Beeinflussung gemacht wurden. Alles dies ohne
jeden Erfolg. Speciell in der Hypnose blieb es bei leichtem Engourdissement, welches zu vertiefen mir nicht gelang. Auch die in
demselben ertheilten Suggestionen blieben nicht haften. Die
Nachhilfe mit der Methode Wetterstrand hatte ebenso wenig
Erfolg.

In diesem Falle war wohl das Scheitern unserer Versuche
vorauszusehen. Die individuelle Disposition des jungen Mannes
war eine derartige, dass ein Gelingen der therapeutischen Bestrebungen wohl nur unter den günstigsten Umständen hätte erwartet werden können. Wir hatten es hier mit einem schwer be-

lasteten Individuum zu thun, mit einem Individuum, welches wohl
den intensivsten Widerstand nicht nur den suggestiven, sondern
auch allen anderen Heilbestrebungen entgegengesetzt hätte, mit
einer ausgesprochenen Hysteria virilis. Insbesondere konnte man
einen günstigen Erfolg nur dann erhoffen, wenn die Fortdauer
unglückseliger Einflüsse seiner nächsten Umgebung aufgehört hätte.
Es ist dies einer der wesentlichsten Factoren bei der Anstaltsbehandlung derartiger Kranker. Hier aber war es nicht zu erreichen, dass sich die Mutter von dem Kranken trenne. Nicht
genug daran, dass der Patient als ein erblich belastetes Individuum
angesehen werden musste, bot ihm die hysterische Individualität
seiner Mutter reichlich Anhaltspunkte zur Entwickelung aller er-
denklichen hystero-neurasthenischen Gravamina. Dieser verhängniss-
volle Einfluss zeigt sich in geradezu schulgemässer Weise in dem
eben beschriebenen hysterischen Falle.

Beobachtung 24. Passive Päderastie. Masturbation.
Schwere Neurasthenie. Horror feminae. Suggestivbehandlung.
Besserung.

U. U., 46 Jahre alt, Fabrikant.

Patient stammt aus einer Familie, in welcher Nervenkrankheiten sowohl als Geisteskrankheiten wiederholt vorkamen. Ein
Bruder seines Vaters starb im Irrenhaus, eine Schwester leidet an
schwerer Neurose. Er selbst hat verschiedene Krankheiten durchgemacht. Von Kindheit machte sich bei ihm eine Reihe neurasthenischer Beschwerden geltend, deren radicale Behandlung in
den verschiedensten Anstalten, Badeorten etc. vergebens versucht
wurde. Wie Patient selbst zugibt, scheiterten alle diese Versuche
an der continuirlich fortgesetzten Masturbation, welche immer
wieder den Anstoss zur Entfaltung einer Reihe verschiedenster
Beschwerden abgab, die sich hauptsächlich auf cerebralen und
dem Circulationsapparate angehörenden Gebieten ässerten.

Patient klagt vornehmlich über Schwindel, welcher ihn, wie
er sagt, seit seinem 30. Jahre nicht verlassen hat und ihn in jedem
Lebensgenuss schädigte. Von Zeit zu Zeit treten heftige Kopfschmerzen, meist einseitig, mit Ueblichkeiten verbunden, auf (Migräne), dann, insbesondere nach masturbatorischen Excessen, all-

gemeine totale Abgeschlagenheit und Unfähigkeit zu jeder geistigen Thätigkeit. Ferner hat Patient über intensives Herzklopfen zu klagen und die subjective Empfindung der Herzarhythmie. Bezüglich seines Geschlechtslebens gibt Patient an, dass er nicht wisse, wann sich die ersten Zeichen eines solchen bei ihm eingestellt haben. Er genoss eine sorgfältige Erziehung, besuchte die verschiedensten Schulen. An Tagen, wo er sich wohl befand, war ihm die Thätigkeit in der Schule leicht; an schlechten Tagen war er unfähig zu arbeiten. In ähnlicher Weise verhält es sich noch heute, indem Patient, wenn er sich wohl fühlt, mit Leichtigkeit seinen beruflichen Arbeiten als Fabrikant nachkommen kann, an Tagen, die er als seine schlechten bezeichnet, zu noch so leichter geistiger Thätigkeit unfähig ist. Gute und schlechte Tage könne er sich im Grossen und Ganzen selbst bereiten, indem dieselben fast ausschliesslich von der Ausübung der Onanie abhängig sind. Der Inhalt seiner sexuellen Vorstellungen, ebenso der Träume, ist von jeher conträr. Bereits in seiner Kindheit hat Patient mutuelle Manustupration, später bald active, bald passive Päderastie betrieben. In den letzten 10 Jahren wird, wie er angibt, seine Libido lediglich durch passive Ausübung derselben befriedigt. Patient, welcher am Lande lebt, findet zur Befriedigung seiner Gelüste dort nur selten Gelegenheit. In dieser Zeit Masturbatio strenua. So oft es ihm möglich ist, sucht er die Grossstadt auf, woselbst er reichliche diesbetreffende Beziehungen besitzt. Aus den Erzählungen dieses Patienten geht mit erschreckender Klarheit hervor, dass die in Rede stehenden Perversitäten eine ausserordentliche Verbreitung haben, so dass er in der Stadt niemals wegen geeigneter Consorten in Verlegenheit gerathen musste. Das Weib lässt ihn ganz kalt. Sadistische und masochistische Gelüste liegen ihm ganz ferne. Intra actum jacet modo feminae, coitus intra femora summam libidinem ei parat. Hujus acti memoria et reproductiones geben sowohl den Träumen Inhalt als das Substrat für Masturbation ab.

Der Schlaf ist schlecht, Appetit gering, Stuhlgang nie ohne Nachhilfe. Auch gegenwärtig besteht ausgesprochene Arhythmie bei leicht erregbarem Herzschlage. In der Erregung (die Aufnahme der Anamnese reicht dazu hin), ist die Differenz zwischen der Frequenz im Inspirium und Exspirium eine sehr beträchtliche. Mit Ausnahme eines gewissen Grades von Darmatonie, welche sich im

Vorhandensein von Scybalis an den Stauungsstellen kundgibt, sind
keine Organerkrankungen nachweisbar. Der Körperbau kräftig,
Habitus, Haar und Bartwuchs normal. Ebenso der Genitalbefund.
Die Gesichtsfarbe blass; Patellarreflexe leicht gesteigert. Psychisches
Verhalten des hochintelligenten Mannes vollkommen intact. An
Pollutionen hat er nie gelitten (in gehäufter Anzahl), den Coit.
norm. auszuüben nie versucht. Es besteht Indifferenz vers. sex.
alter., kein Horror.

Decursus morbi. Therapia: Abreibung, Halbbad, Suppositorien
e camphora monobromata 1,0, Pillen von Extractum valerianae
mit Monobrom-Kampfer āā. Gymnastik. Traitement moral. Im
späteren Verlauf kommen dazu noch Sitzbäder. Psychotherapie
vorläufig auf möglichst nachdrückliches Traitement moral beschränkt.
Alkohol hat Patient niemals bevorzugt und fällt ihm daher Abstinenz von allen Alcoholicis leicht. Nach Verlauf von 14tägiger
Behandlung, welche selbstverständlich mit Regelung der körperlichen und geistigen Thätigkeit des Patienten einherging, war die
Arhythmie des Pulses kaum mehr wahrnehmbar, der Schlaf des
Patienten hatte sich ohne eigentliche Schlafmittel wesentlich gebessert und von seinen alten Beschwerden ist blos der Schwindel
in fast unveränderter Form und Intensität geblieben. Zur Behandlung desselben werden innerlich Chinin in mittleren Dosen,
physikalisch vornehmlich alle Mittel zur Beseitigung der hartnäckigen Constipation angewandt.

Nach weiteren 4 Wochen zeigt sich, dass auch dieses lästige
Symptom wesentlich abgeschwächt ist. Während des ganzen, fast
6wöchentlichen Aufenthaltes in der Anstalt gelingt es, den Patienten von Masturbation vollkommen frei zu erhalten, und zeigt
sich sowohl sein physisches Befinden wesentlich gebessert, als auch
seine Hoffnung und Zuversicht gehoben. Pollutionen oder Träume
sexuellen Inhaltes sind die ganze Zeit über nicht aufgetreten. Nach
Verlauf von 6 Wochen erster Versuch mit hypnotisch-suggestiver
Beeinflussung; es gelingt überraschend schnell, bereits in einer der
ersten Sitzungen ein tiefes Engourdissement herbeizuführen, und
es werden nun vor allem energische Suggestionen gegen Masturbation ertheilt. Im weiteren Verlauf lediglich Aufträge suggestiven
Inhalts contra masturbationem et contra virum. Die späteren Versuche, die Gleichgiltigkeit gegen das Weib zu beseitigen, miss-

lingen. Dagegen ist Patient anhaltend bei subjectivem Wohlbefinden und sexuell vollkommen ruhig. — In diesem Falle konnten
wohl von vornherein keine Hoffnungen gehegt werden, den Patienten zu einem sexuell normal empfindenden Individuum umzu-
gestalten. In Anbetracht seines Alters und der schweren Neurasthenie muss es bereits als ein beträchtlicher Erfolg angesehen
werden, dass es gelungen ist, den Patienten von Masturbation frei
zu erhalten, was er gegenwärtig, nach Ablauf eines halben Jahres,
in vollkommener Weise zu sein vorgibt. Dementsprechend haben
sich alle seine neurasthenischen Beschwerden wesentlich gebessert.
Die Herzarhythmie, Constipation, der Schwindel sind zwar andeu-
tungsweise noch vorhanden, allein so viel weniger, dass der Patient
sich subjectiv wohl befindet, seinem Beruf ohne wesentliche Störung
nachgehen kann. Träume sexuellen Inhaltes und Pollutionen hat
Patient niemals; bei Einwirkung äusserer Einflüsse (sympathischer
Männergestalten, welche ihn früher unbedingt entweder zur Bethätigung seiner perversen Triebe verleitet hätten oder zumindest
den Ausgangspunkt für masturbatorische Acte abgegeben hätten)
fühlt Patient seine Widerstandskraft so weit gehoben, dass er diesen
Antrieben, welche allerdings noch vorhanden sind, leicht widerstehen kann. Es wird dem Patienten eindringlich empfohlen, wenn
er seine Widerstandsfähigkeit abnehmen fühlen sollte, zu kurzem
neuerlichen therapeutischen Aufenthalt wiederzukehren. Auch in
diesem Falle hat der Patient der suggestiven Beeinflussung einen
wesentlichen Erfolg zu verdanken, wenngleich eine Heilung im
vollen Sinne des Wortes von vornherein wohl ausgeschlossen sein
musste.

Beobachtung 25. Conträre Sexualempfindung. Masturbation. Mässiger Alkoholabusus. Hypnose. Besserung. (Erzielung
sexueller Indifferenz.)

L. G., 44 Jahre alter Landwirth.

Patient stammt aus gesunder Familie. Seine Eltern starben
in hohem Alter, sie sowohl als ihre Geschwister hatten nie an
nervösen Krankheiten gelitten. Zwei Brüder sind verheirathet,
haben gesunde Kinder. Patient selbst hatte wiederholte Lungen-
entzündungen und erlitt Verletzungen der Extremitäten. Er leidet

an oft wiederkehrender Migräne, zeitweiser Schlaflosigkeit, geringem
Appetit. Besonders unangenehm sind ihm oftmalige Diarrhöen,
die Entleerungen können bis zu zehnmal im Tage erfolgen, sind
immer schmerzlos, nie von Uebligkeiten begleitet, und glaubt
Patient, dass dieselben besonders dann häufig sind, wenn er in
masturbatione excedirt hat, was nicht gar zu selten vorkommen
soll. Mässiger Potus, ziemlich starker Raucher. Seine ersten geschlechtlichen Empfindungen verlegt Patient in das Alter von etwa
8 Jahren, und waren dieselben schon damals ausgesprochen conträrer Natur. Schon als Kind von weicher, sentimentaler Gemüths-
art fühlte er sich zu einzelnen seiner Altersgenossen intensiv hingezogen; allein zu dem reinen Empfindungsmomente traten bald
sexuelle Erregungen hinzu. Er begann motu proprio zu oniren
unter Supposition von Zärtlichkeitsscenen seinen Freunden gegenüber. Seine Neigung zu einzelnen derselben konnte zuweilen sehr
heftig werden. So verliebte er sich mit 14 Jahren in einen Schulkameraden, welchen er mit seiner Leidenschaft und Eifersucht ver-
folgte. Er suchte seine körperliche Berührung, welche ihm Wollust
verursachte und deren Reproduction zur Masturbation Anlass und
Inhalt abgab. Zu mutueller Onanie kam es aber niemals, da er
von dem Gegenstande seiner Neigung auch blos mit der Andeutung
eines solchen Vorganges auf das entschiedenste abgewiesen wurde.
Ueberhaupt hat Patient trotz seiner ausgesprochen conträren Triebe
dieselben nie bethätigt. Der Grund hiefür war eben die erwähnte
Abweisung, welche ihm einen ungemein tiefen Eindruck hinterlassen hat, da ihm sein Kamerad sogar mit der Anzeige gedroht
hatte. In mannbarem Alter liess er sich trotz vollkommener
Gleichgiltigkeit gegen alles Weibliche verleiten, eine Puella publica
aufzusuchen. Er benahm sich bei diesem Anlasse sehr ungeschickt,
empfand absolut keine Libido, und dementsprechend trat auch
keine Erection ein. Damals begriff er zum ersten Male die Abnormität seiner Vita sexualis, und im Verfolge dieser Erkenntniss
bemühte er sich aus autocurativem Bestreben, den Coitus cum femina
zu erzwingen, was immer vollkommen missglückte; blos ein einziges
Mal gelang ihm derselbe halbwegs mit einem wenig entwickelten
Weibe, welchem er Männerkleider angezogen hatte, unter Supposition ausschliesslich männlicher Vorstellungen. Er hat keinen ausgesprochenen Horror feminae, blos eine absolute Indifferenz allem

Weiblichen gegenüber. Dagegen können seine sexuellen Empfindungen für sympathische Männer einen ausserordentlich hohen Grad erreichen. Die ihn erregenden Männer sind im ganzen Grossen immer gleichalterige Individuen aus congenialen Kreisen. Am liebsten ist ihm die Vorstellung des Coitus intra femora. Die Immissio in anum würde ihn nicht befriedigen. Zeitweise, wenn l'atient von Masturbation abstinirt, treten gehäufte Pollutionen ein, unter Traumvorstellungen conträren Inhaltes und besagter Form. Von den sonstigen Beschwerden sind dem Patienten die Diarrhöen besonders unangenehm und überdies ist in den letzten Monaten seine Stimmung eine äusserst trübe.

Die objective Untersuchung ergibt einen kräftigen Körperbau, vollkommen normalen Organbefund und ganz normalen männlichen Habitus. Es wird eine energische antimasturbatorische und antineurasthenische Behandlung eingeleitet, sowie physikalische gegen die Diarrhöen gerichtete Massnahmen getroffen (faradische Massage des Abdomens, Priessnitzbinden, Sitzbäder etc.). Der Versuch der hypnotischen Einwirkung ergibt, dass Patient relativ leicht in mitteltiefes Engourdissement zu versetzen ist. Die ertheilten Suggestionen sind contra masturbationem und contra libidinem überhaupt gerichtet und wird erst später die Suggestion „Horror viri" beigefügt. Das Resultat der Behandlung, welche 6 Wochen dauerte, ist vollkommene Abstinenz von Onanie, sowie fast absolute Gleichgiltigkeit in geschlechtlicher Beziehung.

Beobachtung 26. Conträre Sexualempfindung. Hypnose. Besserung.

U., 27 Jahre alter Fabrikant.

l'atient stammt angeblich aus ganz unbelasteter Familie, soll auch nicht Zeichen neuropathischer Veranlagung bisher geboten haben. Indessen hat er einen submikro- und zugleich leicht trigonocephalen an den Tubera parietalia ausgebuchteten Schädel. Circumferenz: 53. Er ist übrigens intelligent, von durchaus männlichem Habitus und Benehmen, normalen Genitalien. Er sucht Heilung von einer nach seiner Ansicht erworbenen conträren Sexualempfindung und machte folgende Bekenntnisse: Mit 5 Jahren sei er von Gespielen zur Onanie gebracht worden und habe diesem

Laster bis zum 18. Jahre, wo ihn schwere Neurasthenie befiel, gehuldigt. Schon früh habe er Sympathieen zu etwa gleichalterigen Knaben gehabt, von der Pubertät an zu jungen Männern, deren Berührung genügte, um Erectionen zu provociren. Seine Pollutionsträume hatten nur Männer zum Gegenstande. Es reizten ihn jugendliche, fesche, männliche Gestalten. Es gelang ihm bisher, sich vor homosexuellem Umgange zu bewahren, da er ihn für unmoralisch hält. Mit 20 Jahren schleppten ihn Freunde ins Bordell. Sein erstes Debüt fiel kläglich aus. Er konnte den Act vor Ekel nicht vollziehen, hielt sich für impotent und traute sich nicht mehr an Weiber, die ihm früher gleichgiltig, nunmehr geradezu unsympathisch waren. Diese Abneigung besteht bis zur Gegenwart. Er schätze am Weibe nur geistige Eigenschaften. Als er die Masturbation (bereits vor Jahren) eingestellt hatte, stellten sich heftige und sehr schwächende Pollutionen ein. Seit einigen Wochen sind sie selten. Sie sind nur von homosexuellen Träumen begleitet. Seine Vita sexualis beschränkt sich seither auf solche Pollutionsträume.

Auf seinen Wunsch wird Patient einer Suggestivtherapie unterzogen, dieselbe in ca. 5 Sitzungen zu mitteltiefem Engourdissement vertieft. Nach weiteren 30 Séancen fast absolute sexuelle Indifferenz, Aufhören der Pollutionen, keinerlei psychische noch physische Onanie, wesentliche Besserung der Neurasthenie.

Beobachtung 27. Conträre Sexualempfindung. Päderastie, ausgesprochen weiblicher Körperbau und Gemüthsleben. Hypnose. Ungeheilt.

X., 27 Jahre alt, Privater.

Patient erscheint belastet, insoweit in seiner Ascendenz Psychosen und Neurosen constatirbar sind. Geschwister sollen alle gesund und sexuell normal sein. Patient selbst hat keine Krankheiten durchgemacht. Masturbatio a juventute prima wird zugestanden. Die sexuellen Regungen begannen schon im Alter von 8 Jahren und wendeten sich ausschliesslich männlichen Individuen zu, seinen Alters- und Spielkameraden sowohl als älteren Männern als er selbst war, z. B. seinem Hofmeister. Temporär wurde mutuelle Manustupration getrieben. Er wurde nicht im Elternhause, sondern in einer verwandten Familie mit Mädchen zusammen erzogen. Er spielte mit diesen und ihren Puppen bis zum 15. Lebensjahre, genoss bis dahin nur weiblichen Unterricht, lernte nur weibliche Spiele. Dabei Masturbatio strenua nur auf Männer gerichtet. Neigung zu weiblichen Manieren hat ihn nie verlassen. War immer zart, fand nie Gefallen an Soldaten-, Krieg-, Räuberspielen. Wünschte oft ein Weib zu sein. Patient hat wiederholt mit voller Befriedigung Päderastie betrieben; wünscht sich solchen Verkehr. Er hat keinen Beruf, hörte, dass Hofrath v. Krafft-Ebing solche Menschen geheilt habe, komme her, um es zu versuchen, ob er heirathen könnte, weil für ihn viel davon materiell abhängt. Glaubt nicht daran, will aber den Versuch machen. Sonst hätte er kein Verlangen nach heterosexuellem Verkehr, viele seiner Freunde sind ebenso.

Patient ist sehr gross, bartlos. Knochenbau kräftig. Ausgezogen hat er auffallend weibliche Formen. (Er trägt Seidenstrümpfe über die Kniee, Strumpfband um die Taille, Battistunterhosen, ist furchtbar parfümirt, färbt sich die Haare blonder.) Mammae eines 16jährigen Mädchens, Becken weit ausladend, an Brust und Bauch kein Haar, Pubes crinosa ausgesprochen weiblich. Genitalien normal geformt. Keine neurasthenischen Beschwerden. Beim Versuche der Hypnose hysteriformes Zittern am ganzen Körper, das sich bei jeder Séance wiederholt. Es wird trotzdem leichtes Engourdissement erzielt, aber der Erfolg mehrwöchentlicher Behandlung ist gleich Null.

Beobachtung 28. Conträre Sexualempfindung. Hypnose. Heilung.

S. L., 29 Jahre alt, Kaufmann.

Patient ist von Seite der Mutter belastet (ein Bruder derselben war geisteskrank, eine Schwester ist schwachsinnig), seine drei lebenden Geschwister sind gesund. Patient selbst war niemals ernstlich krank. Sexuelle Regungen begannen in frühem Kindesalter, schon damals aber in conträrem Sinne. Erst waren ihm Spielkameraden, später erwachsene Männer geschlechtlich anregend. Patient ergab sich alsbald mutueller Onanie, welche bis in die jüngste Zeit cultivirt wurde. Seit ca. ³/₄ Jahren abstinirt er von

derselben, betreibt aber in intensiver Weise Autostupration. Er
erhielt Drohbriefe, dass er von einem seiner Genossen bei mutuell
onanistischen Acten angezeigt werden wird, falls er sich nicht los-
kaufe. Verausgabte grosse Summen, ist aber trotzdem in inten-
sivster Weise beunruhigt, aus Angst vor gesetzlichen Folgen schläft
er schlecht, ist verstimmt, hat keinen Appetit, vielfache Diarrhöen.
Patient hat zwar keinen ausgesprochenen Horror gegen das Weib,
aber vollkommene Gleichgiltigkeit; hat sexuell nie fürs Weib
empfunden, war ihm immer gleichgiltig, auch der sonstige Verkehr
mit Personen weiblichen Geschlechtes machte ihm nie Vergnügen.
Hat niemals den Versuch eines Coitus unternommen. Jetzt hätte
er den lebhaften Wunsch, zu heirathen, was auch aus materiellen
Gründen seine ganze Existenz bedeute.

Behandlung: Antineurasthenisch und antimasturbatorisch; tiefes
Engourdissement gelingt (nur Nachmittag); 14 Tage später lobt
Patient bereits sein Befinden, war nie so frisch und gesund, ist in
tiefem Engourdissement sehr suggestibel. Männerträume verblassen.
Interessirt sich in ausgesprochener Weise für Frauenzimmer. Gar
keine Angst mehr. 4 Wochen nach Beginn der Behandlung mit
Erfolg und bei intensivem Wollustgefühl coitirt! Schwärmt von
Damen, träumt von Mädchen und Coitus. Es stellen sich episodisch
sadistische (Flagellations-)Gelüste ein. Bei zweitem Coitusversuch
Fehlschlagen, weil die Betreffende nicht entgegenkam; Masturbatio
ad orgasmum saturandum, trotzdem keine männlichen Vorstellungen.
Seither wiederholter normaler Coitus. Von conträren Empfindungen
kaum Spuren (Beobachtungsdauer des geheilt Entlassenen 2 Jahre,
während dieser Zeit kein Recidiv).

Beobachtung 29. Conträre Sexualempfindung. Hypnose.
Besserung.

M. R., 33 Jahr alt, Ingenieur.

Der Vater starb an Lungenentzündung in frühem Alter, die
Mutter lebt noch, hochbetagt, und ist vollkommen gesund. Ein
Bruder des Vaters ist mässiger Potator, in engerer Familie ist
eine Psychose, eine Hysteria gravis, mehrere Potatoren. Patient
selbst war nie ernstlich krank, bis zu 14 Jahren sicher asexual.
Blieb bis zu diesem Alter überhaupt sehr kindlich, doch ist auf-

fallend, dass er angibt, sich von Knabengesellschaft immer zurück-
gehalten, dagegen mit Mädchen in seinem Alter gerne verkehrt
und gespielt zu haben. Auch machten ihm weibliche Beschäfti-
gungen und häusliche Arbeiten mehr Vergnügen als Bubenspiele.
Mit 14 Jahren trat motu proprio Masturbation auf, ohne eruir-
baren Inhalt. Nach wiederholtem Zusammenschlafen mit seinem
Bruder mutuelle Masturbation und von da ab sichere conträre
Sexualempfindung. Im Alter von 17 Jahren aus autocurativem
Interesse versuchte er Coitus cum femina. Derselbe gelang, befriedigte ihn aber nicht, und war während desselben keine genügende Wollustempfindung vorhanden. Seither übte er aber den
Coitus cum femina doch wiederholt aus, was ihm so weit Erleichterung brachte, dass er nicht onanirte. Mit 20 Jahren verlor er
sich wieder in Masturbation und gab sich nur männlichen Vorstellungen hin. Am Weibe hatte er nie eigentlichen Gefallen gefunden, den Act nur loco masturbationis ausgeübt. Mit 30 Jahren
wurde er activer und ausübender Päderast, Coitus ad femora und
inter nates. Hätte auch für die passive Situation Interesse gehabt,
fand aber keinen Socius. Würde entschieden den Verkehr mit
einem geschlechtlich normalen Individuum vorziehen*), scheut jedoch jeden solchen Versuch, aus Scheu jemand Unschuldigen zu
verführen oder bestraft zu werden. Der Umgang mit Männern
befriedigte ihn so vollkommen wie die Onanie. Mit 23 Jahren
verliebte er sich in einen jungen um 2 Jahre älteren Mann ausserordentlich leidenschaftlich und heftig. Er trug diese Leidenschaft
jahrelang mit sich herum, bevor er sich traute, sich dem Gegenstande seiner Neigung zu entdecken. Als er dies endlich that,
wurde er von diesem ausgelacht. Sein höchstes Ideal wäre es gewesen, mit diesem Manne in „ehelicher Gemeinschaft" zu leben.
Er wollte sich selbst heilen und fasste den Entschluss, zu heirathen. Sein Antrag wurde jedoch abgewiesen. Er verfiel in sehr
gedrückte Gemüthsstimmung und zugleich in intensivere Onanie.

---

*) Diese Thatsache, dass die meisten Homosexualen sich zum Ver-
kehre ein Individuum erwünschen, welches selbst sexuell normal ist,
kommt oft vor, und wurde auch von einigen Forschern von derselben
Notiz genommen. Zuerst v. Krafft-Ebing (v. Psychop. sex.), dann
Moll, Contr. Sexualempfindung.

Sadistische und masochistische Triebe sind ihm ganz fremd. Si autem summam sibi voluptatem parare vult canem suum admittit qui membrum virile nudatum et errectum ei lambere consuetus est!

Gegenwärtig zweifelt Patient, cum femina potent zu sein. Er hat jedoch keinen Horror feminae. Pollutionen treten sehr selten ein; wenn er sexuelle Träume hat, sind dieselben immer männlichen Inhaltes. Am intensivsten wirken Uniformirte auf seine Libido ein. Knaben erregen dieselbe nicht. Er reagirt von jeher intensiv auf Alkohol, welcher auch in kleinen Dosen stimulirend und sexuell provocirend auf ihn einwirkt. Er schläft gut, leidet zeitweise an Migräne mittleren Grades. Sein Appetit ist mässig, sein Stuhl träge. Vor 12 Jahren acquirirte er ein Ulcus molle.

Die Gemüthsstimmung des Patienten ist eine äusserst gedrückte. Er hat keine Hoffnung, sein Leiden los zu werden. Er will seinen Beruf wechseln, es fehlt ihm jedoch dazu wie zu allem anderen die Fähigkeit, einen Entschluss zu fassen. Er ist reizbar, aber andererseits wieder gerne gefällig, oft von grosser Traurigkeit und hat das Leben satt.

Patient ist ungewöhnlich klein, sein Aeusseres aber ist ein männliches. Der Knochenbau kräftig, auch die Muskelkraft lässt nichts zu wünschen übrig. Die Conformation der Genitalien ist vollkommen normal, ebenso erweisen sich alle vegetativen Organe als gesund, die Patellarreflexe leicht gesteigert.

Die eingeleitete antineurasthenische Behandlung findet zunächst bei Abstinenz von Masturbation ein intensives Hinderniss in gehäuften Pollutionen. Dieselben weichen aber bald dem internen Gebrauche von Chininum ferrocitricum mit Extr. secal. corn., extern Camphora monobrom. Nach Besserung der Neurasthenie Beginn der Suggestivbehandlung. In relativ wenig Sitzungen bereits ausgesprochene Wirkung auf die Psyche, indem die Suggestionen bezüglich des Schlafes etc. sehr genau haften. Nach 5 Wochen bereits sexuelle Indifferenz und einmal weiblicher Trauminhalt, dabei bedeutende Hebung des Allgemeinbefindens. Grad der Hypnose allmälig zu tiefem Engourdissement vertieft.

(Die Beobachtung und Behandlung ist noch nicht abgeschlossen, weshalb dieser Casus, welcher gute Chancen bietet, in

Tabelle 2, pg. 133, sub Nr. 29 als „gebessert" angeführt wird, obwohl Hoffnung auf Heilung berechtigt ist.)

Diesen Fall dürfen wir aus der Thatsache allein, dass dem Patienten wiederholt der Coitus normalis cum femina gelungen ist, nicht unter die psychosexual hermaphroditisch oder bisexuell veranlagten zählen. Vielmehr ist das psychische Verhalten des Patienten von dem Erwachen des Geschlechtstriebes, seine Neigung zu weiblicher Beschäftigung, der Umgang (Spiel) mit Mädchen, seine leidenschaftliche Neigung zu einem Individuum gleichen Geschlechtes und schliesslich sein Traumleben zur Beurtheilung seiner Geschlechtsneigung heranzuziehen. Da sehen wir nun deutlich, dass dem Patienten eine conträre Geschlechtsempfindung angeboren ist. Mit Energie und aus selbstcurativem Grunde zwang er sich zum Coitus cum femina, erzwang denselben, hatte aber keine Wollustempfindung und keine Befriedigung von demselben, wohl aber bei der Masturbation unter Supposition männlichen Inhaltes, bei männlichen Traumpollutionen und bei homosexualem Verkehre. Wenn diejenigen Untersucher, welche dem Vorkommen angeborener conträrer Sexualempfindung skeptisch entgegenstehen, so detaillirt ihre Krankengeschichten studiren würden, könnte auch bei ihnen kein Zweifel darüber obwalten, dass diese Verkehrtheit des Triebes eine zur Welt mitgebrachte Anomalie sein kann und in vielen Fällen auch ist.*) —

Beobachtung 30. Conträre Sexualempfindung. Normale Veranlagung, (mit sadistischen Beziehungen). Hypnose. Heilung.

O. J., 25 Jahre, Landwirth.

Patient gibt an, aus gesunder langlebiger Familie zu stammen, hat mehrere Geschwister, die ganz gesund und sexuell normal sein sollen. Er selbst hat verschiedene schwerere und leichtere Erkrankungen durchgemacht, aber nie solche, die man auf das centrale Nervensystem beziehen könnte. Ist sehr gebildet, erscheint

---

*) Während der Drucklegung dieser Schrift ergänzt sich der Fall. Patient erzielte normalen Coit. c. femina mit vollem Wollustgefühl, wiederholt denselben regelmässig und sind seine conträren Neigungen schemenhaft verblasst.

psychisch normal. Klagt neben sexualer anomaler Empfindung
über myelasthenische Symptome, besonders Rücken- und Lenden-
schmerzen. Die ersten geschlechtlichen Empfindungen begannen
sich spät, erst im 15. Lebensjahre bemerkbar zu machen. Den
Anstoss hierzu ergab eine Prügelscene an jugendlichem weiblichen Individuum, welche er erlebte und dann masturbationis
psychicae et somaticae causa oft reproducirte. Mit 16 Jahren
mutuelle Onanie mit einem Kameraden. Von da ab hatte Patient
nur für diese sexuelle Empfindung. Weibliche Gestalten wirkten
nur unter Zuhilfenahme sadistischer Vorstellungen, ihre Wirksamkeit schwächte sich aber immer mehr ab in dem Grade, als die
Empfänglichkeit für das Männliche zunahm. Aus mutueller Onanie
entwickelte sich Coitus inter femora, den Patient oft betrieb. (Er
war bald activ, bald passiv, stets mit gleicher Befriedigung).
Männliche Vorstellungen wirken ganz ohne sadistische Neben-
gedanken; weibliche nur mit Sadismus (Vorstellung der Flagellation und zwar nur Unterschenkel.) Von gewisser fetischartiger
Wirkung sind kurze, etwa bis zum Knie reichende Kleider. Nach
Flagellation eines ganz jungen (13—15jährigen) Mädchens mit
solchem Costüm würde er potent sein, hat aber nie einen solchen
Versuch gemacht. Erwachsene Weiber mit langer Kleidung sind
unwirksam. Männliche Traumpollutionen. Langsame Besserung
der Neurasthenie, Abstinenz von Onanie, Suggestionen contra
masturbationem, contra virum, contra „Fetisch", pro femina.
Tiefes Engourdissement. Coitus gelingt mit jugendlicher Puella
(wenig entwickelt) nach 6wöchentlicher Behandlung, unter Supposition sadistischer Handlungen; volles Wollustgefühl intra actum.
Zweiter Versuch, 4 Wochen später, sadistische Vorstellungen,
schemenhaft, Coitus normalis mit vollkommener Befriedigung.

Dieser Fall bildet in ätiologischer Beziehung ein Gegenstück
zu dem vorbergehenden. Ebenso sicher als wir es dort mit einer
angeborenen conträren Sexualempfindung zu thun hatten, begegnen
wir hier einer zweifellos erworbenen. Der Patient ist nicht bisexuell, sondern heterosexuell, normal empfindend zur Welt gekommen. Die Geschlechtsentwickelung ist eine tardive, er ist offenbar normal, zumindest nicht paradox (vorzeitig) veranlagt. Eine
sadistische Scene erweckt die noch ruhende Libido. Diese wird
durch Masturbation geschürt und dann durch mutuelle Onanie

aus ihrem normalen Geleise in homosexuelle Bahnen gedrängt. Als anerzogene Anomalie sehen wir in diesem Falle die conträre Sexualempfindung ausserordentlich schnell der Therapie weichen, welche sich bemüht, die seiner Zeit ansuggerirten Vorstellungen zu unterdrücken. Mit beginnender Besserung kehrt die Vita sexualis des Patienten auf den „Status quo ante" zurück, d. h. zum Sadismus, unter dessen Einfluss ein Beischlaf gelingt. Jetzt noch kann die Suggestion auch gegen diesen ankämpfen und drängt ihn unter die Schwelle zurück („schemenhafte" Erinnerung an denselben bei den nächsten Coitusversuchen.)

2. Tabellen.

Uebersicht der Beobachtungen.

———

Nr.	Name, Alter und Stand	Belastung	Typus der Anomalie angeboren	Typus der Anomalie erworben
1	A. R., 35 Jahre alt, Privater	geringeren Grades vorhanden	—	Sadismus ursprünglich geschlechtlich nicht differenzirt, später heterosexuell
2	J. J., 27 Jahre alt, Offizier	Belastung nicht nachweisbar	anscheinend angeborene conträre Sexualempfindung	Sadismus gegen ausschliesslich conträre Objecte (männliche Individuen)
3	L. U., 40 Jahre alt, Privater	schwer belastet	im 7. Lebensjahre noch nicht differenzirt, dann für kurze Zeit conträr	Sadismus gegen junge, nur weibliche Individuen
4	J. S., 30 Jahre alt, Privater	belastet	—	Sadismus nur heterosexuell
5	T. R., 27 Jahre alt, Privater	zweifelhaft	—	Masochismus lediglich weiblicher Inhalt
6	G. N., 27 Jahre alt, Offizier	belastet	Masochismus anfangs nicht differenzirt, durch masochistische Ideen in conträrem Sinne erweckt	die masochistischen Neigungen führen die sexuelle Empfindung in heterosexuelle Bahnen
7	O. Q., 28 Jahre alt, Künstler	schwer belastet	—	Hyperaesthesia sexualis (heterosexuell)
8	C. J., 24 Jahre alt, Student	belastet	bisexuelle Anlage	Hyperaesthesia e masturbatione, Vertiefung der conträren Empfindung
9	H. D., 40 Jahre alt, Rechtsanwalt	nicht belastet	zweifellos angeborene conträre Sexualempfindung	Alkoholismus

Dauer der Behandlung	Hypnose	Resultat	Anmerkung
3½ Monate	mitteltiefes Engourdissement	geheilt	In diesem Falle ist der Fetischismus (Hand) bemerkenswerth.
4 Monate	tiefes Engourdissement	gebessert	—
ca. 3 Monate	nicht hypnotisirbar; energische Wachsuggestionen	gebessert	Bemerkenswerth, weil durch sadistische Gelüste die conträre Empfindung verblasst.
6 Wochen	tiefstes Engourdissement	geheilt	—
4 Wochen	tiefstes Engourdissement	gebessert	Insoferne nach der Behandlung kein thatsächlicher Bedarf nach Misshandlungen zur Erregung der Libido vorhanden ist, ist Patient geheilt. Da Masoch. aber noch in Gedanken vorhanden, bezeichnen wir ihn als gebessert.
ca. 8 Wochen	tiefes Engourdissement	gebessert	Sehr bemerkenswerthe Wandlungen durch äussere Ereignisse (Dauersuggestionen) in der Sexualsphäre. Complication durch Morphinismus mässigen Grades. Trotzdem Erfolg.
3 Monate	mitteltiefes Engourdissement	geheilt	Weitere Beobachtungsdauer 1 Jahr, wo Patient geheilt bleibt.
2½ Monate	Engourdissement mit Methode von Wetterstrand	gebessert	Nach ½ Jahre noch sexuell indifferent.
1 Jahr	Leichtes, im weiteren Verlaufe vertieftes Engourdissement	gebessert	Später Exitus durch acute Infection, negativer Sectionsbefund.

Nr.	Name, Alter und Stand	Belastung	Typus der Anomalie	
			angeboren	erworben
10	C. T., 33 Jahre alt, Privater	belastet	—	psychische Impotenz
11	R. V., 30 Jahre alt, Offizier	nicht belastet	—	psychische Impotenz (temporär)
12	M. F., 31 Jahre alt, Gutsbesitzer	nicht belastet	—	psychische Impotenz (temporär)
13	A. C., 28 Jahre alt, Kaufmann	schwer belastet	—	psychische Impotenz ab origine
14	E. G., 36 Jahre alt, Beamter	belastet	—	psychische Impotenz (temporär)
15	L. M., 32 Jahre alt, Gelehrter	nicht belastet	ursprünglich conträre S., dann	psychosexuale Hermaphrodisie
16	G. G., 30 Jahre alt, Advocat	Belastung fraglich	bisexuelle Anlage	episodischer Sadismus homo- und heterosexuell
17	A. F., 22 Jahre alt, Student	belastet	bisexuelle Anlage	—
18	B. T., 27 Jahre alt, Arzt	belastet (schwer)	bisexuelle Anlage	—
19	S., 32 Jahre alt, Techniker	nicht belastet	conträre Sexualempfindung, ob angeboren fraglich	erst im 16. Lebensjahre Libido gegen Männer
20	E. E., 18 Jahre alt, Schüler	nicht belastet	angeborene conträre Sexualempfindung	—

Dauer der Behandlung	Hypnose	Resultat	Anmerkung
4 Wochen	tiefes Engourdissement	geheilt	—
6 Wochen	tiefes Engourdissement	geheilt	—
3 Wochen	leichtes Engourdissement	geheilt	Fast 3jährige Beobachtung nach der Behandlung, dauernde Genesung.
3 Monate	mitteltiefes Engourdissement	geheilt	1 Jahr andauernde Beobachtung ohne Rückfall. Dauernde Genesung.
Wiederholte Behandlung 1—2 Monate mit Pause bis ³/₄ Jahre	mitteltiefes Engourdissement	geheilt	2 Jahre beobachtet, geheilt geblieben.
6 Wochen	mitteltiefes Engourdissement	gebessert	1 Monat nach der Behandlung lobt Patient sein Befinden, männliche Neigung fast ganz geschwunden.
7 Wochen	tiefes Engourdissement	Besserung	—
14 Tage	tiefes Engourdissement	Heilung	—
5 Wochen	mitteltiefes Engourdissement	Heilung	Ehe (1¹/₂jährige Beobachtung bei dauernder Heilung).
4 Wochen	tiefes Engourdissement	Besserung	—
1 Jahr	Hypnose gelingt nicht; kräftige Wachsuggestion	Heilung	Fetischartige Wirkung dunkler Augen bei Homosexuellen.

Nr.	Name, Alter und Stand	Belastung	Typus der Anomalie	
			angeboren	erworben
21	Z., 25 Jahre alt, Privatbeamt.	schwer belastet	conträre Sexual-empfindung	—
22	R. L., 30 Jahre alt, Lehrer	belastet	conträre Sexual-empfindung	—
23	D. V.. 23 Jahre alt, Privater	belastet	conträre Sexual-empfindung	—
24	U. U., 46 Jahre alt, Fabrikant	belastet	conträre Sexual-empfindung	—
25	L. G., 44 Jahre alt, Landwirth	nicht belastet	conträre Sexual-empfindung	—
26	U., 27 Jahre alt, Fabrikant	nicht belastet	conträre Sexual-empfindung	—
27	H., 27 Jahre alt, Privater	belastet	angeborene conträre Sexualempfindung	—
28	S. L., 29 Jahre alt, Kaufmann	belastet	conträre Sexual-empfindung	—
29	M. R., 33 Jahre alt, Ingenieur	belastet	conträre Sexual-empfindung	—
30	O. J., 25 Jahre alt, Landwirth	nicht belastet	—	conträre Sexual-empfindung

Dauer der Behandlung	Hypnose	Resultat	Anmerkung
4 Wochen	H. gelingt nicht	ungeheilt	—
4 Wochen	H. gelingt nicht; Wachsuggestionen	ungeheilt	—
4 Wochen	leichtes Engourdissement (nicht vertiefbar);	ungeheilt	Hysteria virilis.
8 Wochen	tiefes Engourdissement	gebessert	—
6 Wochen	mitteltiefes Engourdissement	gebessert	Obwohl nicht Belastung nachweisbar, ist das Auftreten von Migräne verdächtig. Behandlungsergebniss: sexuelle Indifferenz noch $^3/_4$ Jahre nach der Cur anhaltend.
5 Wochen	mitteltiefes Engourdissement	Besserung	Obwohl angeblich nicht belastet, ist die Schädelform doch sehr auffällig.
3 Wochen	leichtes Engourdissement	ungeheilt	Ausgesprochen weiblicher Körperbau und weibische psychische Disposition.
6 Wochen	tiefes Engourdissement	geheilt	Vollkommene Heilung mit Rücksicht auf die Belastung und Angeborensein der c. S. in überraschend schneller Zeit. In 2 Jahren nachher anhaltende Genesung.
6 Wochen	tiefes Engourdissement	gebessert	Beobachtung noch nicht abgeschlossen, siehe darüber p. 124.
10 Wochen	tiefes Engourdissement	geheilt	Fetisch (kurze Kleider).

3. Uebersicht.

Von den 30 hier besprochenen Fällen vertheilen sich die einzelnen Anomalieen wie folgt:

Fälle von:

Conträrer Sexualempfindung	12
Sadismus	4
Masochismus	2
Psychosexuale Hermaphrodisie	4
Sexuale Hyper- und Hypästhesie	8
	30

Von Sadisten sind:

nur homosexuell	1
nur heterosexuell	2
in der Anlage nicht differenzirt, dann heterosexuell	1
	4

Von Masochisten sind:

nur heterosexuell	1
anfangs conträr, dann heterosexual	1
	2

Psychosexuelle Hermaphrodisie:

ohne Complication	3
mit Sadismus	1
	4

Conträre Sexualempfindung:

mit Sadismus complicirt	3
reine	9
	12

Hyper- und Hypästhesie des Geschlechtstriebes:

heterosexuell 6
bisexuell 1
homosexual 1
                                                              8

Von 30 Beobachtungen ist die Belastung

nachweisbar in 18
nicht vorhanden in 10
fraglich, aber wahrscheinlich in 2
                                                            30

Die Statistik der Hypnose ergibt:
diese wurde versucht in . . . . .   . 30 Fällen.
führte zu:
tiefstem und tiefem Engourdissement in . . . . . 13 Fällen
mitteltiefem Engourdissement in . . . . 8 .
leichtem Engourdissement in . . . . 4 .
mittels Nachhilfe p. Method. Wetterstrand zu leichtem
Engourdissement in . . . . 1 Fall
war nicht erreichbar in . . . . 4 Fällen
                                                        30 Fällen.

Von 30 behandelten Fällen wurden entlassen als:

geheilt	gebessert	ungeheilt
13	13	4

zusammen 30.